認知症カフェを語る

朝日新聞社CSR推進部 編

ともに生き、支えあう地域をめざして

メディア・ケアプラス

各地のカフェの紹介

若年性元気応援サロン　石蔵さろん　栃木県宇都宮市

オレンジカフェコモンズの入口とカフェ
　京都府京都市中京区

朝日のあたる家　岩手県陸前高田市

国立市認知症カフェ
東京都国立市

国立市認知症カフェ
で説明を聞く参加者
東京都国立市

カフェdeおれんじサロン　京都府京都市伏見区

みんなとオレンジカフェ　東京都港区

ささゆりカフェに集う人びと　岐阜県恵那市

れもんカフェで音楽を楽しむ参加者　京都府宇治市

※　写真はオレンジカフェコモンズの他は、フォーラム当時に撮影したもの

認知症カフェの案内例

「みんなとオレンジカフェ」のポスター

「みんなとオレンジカフェ」のポスターは港区内に掲示される。また、病院などに周知のパンフレットなども置かれている。
東京都港区

各カフェでのイベント開催日程などの予定がパンフレットに掲載される。左はイベントの例(東京都港区)

地域で、一日でも長く自分らしく生きるために

　有名な言語学者としてコロンビア大学で教える50歳のアリス・ハウランドは、突然、体調の不良に見舞われる。講義中に単語を忘れる。ジョギング中に自分がどこにいるか分からなくなる。そして、若年性のアルツハイマー病だと診断される。自分らしくなくなるのではないか。知識や能力を失い、これまでのキャリアが崩れていくのではないか。こんな恐怖に襲われ、悩み苦しむが、それを乗り越え、「今を生きる」ことの大切さに気づき始める――。

　2015年、アカデミー賞主演女優賞を受賞したジュリアン・ムーア主演の「アリスのままで」は、こんな物語だ。原作は、全世界10カ国語以上で翻訳され1,800万部刊行されたベストセラーである。アメリカ映画のなかでは、地味で深刻すぎる内容なのに成功したのは、アルツハイマー病を中心とする認知症が急増して、世の中の関心が高まり切実に感じる家族が増えているという背景もあるのだろう。

　実際、データでも裏打ちされている。厚生労働省は2015年1月、認知症の人が10年後には700万人になるという推計を発表した。65歳以上のうち5人に1人が認知症という時代を想定している。アルツハイマー病は発見されて100年以上経つのに、いまだに根治する薬は見つかっていない。進行を遅らせる薬はあるが「特効薬」がない以上、認知症の人をケアするには、周囲の理解、愛情、情報提供などが重要になってくる。

　そんな状況のなかで、朝日新聞社と朝日新聞厚生文化事業団、立

教大学社会デザイン研究所は、認知症になっても地域で自分らしく生きていくために、認知症の人や家族が気軽に立ち寄れる「認知症カフェ」に注目した。その普及を後押しするため、2013年から東京と大阪で「フォーラム認知症カフェを考える」を開いてきた。本書は、第1回から第3回までの報告や議論を再構成した内容だ。

　フォーラムを始める前年、2012年6月に、厚生労働省は「認知症になっても本人の意思が尊重され、できる限り住み慣れた地域のよい環境で暮らし続けることができる社会の実現を目指す」とする方針を発表した。この方針を受け作られた「認知症施策推進5か年計画」（オレンジプラン）で、認知症カフェは、認知症の人とその家族への支援を地域で行う場として普及することになった。

　時を同じくして、公益社団法人「認知症の人と家族の会」が、全国の認知症カフェを調査。2012年にカフェの数が倍増するなど急速に広がる一方、内容や担い手、資金など、運営上の課題や困難を抱えているとも指摘した。そして、関係者の間では、一定のガイドラインや定義づけが必要ではないかとの声も出始めた。

　認知症カフェとは何か。厚生労働省は、「認知症の人と家族、地域住民、専門職等の誰もが参加でき、集う場」としか記しておらず、概念や捉え方も人によって千差万別のようだった。そこで、私たちはカフェの実際の姿を紹介し、その存在を広く知ってもらうとともに、カフェに期待する役割、開設や運営にあたっての課題、行政などの支援も含めて、情報交換し提案する全国規模のフォーラム

が必要だと考えた。認知症の人が暮らすそれぞれの地域の実情を反映し、どこでも同じように安心して利用できるサービスとして、どうあればいいのか。認知症ケア全体の中で、どのように位置づければいいのか。これらの問題を検討すべきだと感じた。

メディア企業として、介護者や専門職、行政、支援者、市民、そして認知症の人自身がともに考える場を提供し、各地のカフェからの情報発信やカフェ同士の情報交換、さらに、認知症ケア、家族支援までを含めた全国的なネットワークづくりの出発点になるような催しをめざした。

第1回は、2013年12月1日に東京・立教大学で開いた。医師など専門職が中心になって運営する大都市中心部のカフェ、認知症の男性と介護する妻が中心になった地方都市のカフェ、そして、東日本大震災の津波被災地でNPOが開いているカフェ、の3カ所を取り上げて報告・議論した。

第2回は、2014年7月26日に大阪YMCA会館で。京都と東京の郊外で、社会福祉法人と医療法人が比較的早くから開いている2カ所のカフェを取り上げた。第3回は、2014年11月9日、立教大学で行い、京都、岐阜、東京の自治体が主催する形態の異なる3カ所のカフェを紹介し、議論のきっかけとした。

趣旨をご理解いただいた厚生労働省と公益社団法人「認知症の人と家族の会」からのご後援もあり、参加者は全国各地から計約1,500人にのぼり、どの会場も満席近い人たちの熱気に包まれた。

一方で、2014年11月の第3回の参加者アンケートでは、回答いただいた方の9割近くが認知症カフェを「よく知っていた」または「名前は知っていた」とされたものの、「定期的に行く」「行ったことがある」は四分の一で、約7割が「行ったことはない」とされた。また、カフェを「よく知っていた」と答えた人でも、「定期的に行く」「行ったことがある」は半数で、普及がまだ途上であることを示している。

　最近、認知症をテーマにした新聞、テレビの広告や、駅や街頭でのポスターをよく見かける。広告はこう訴える。

　58歳の時に認知症と診断された。
　「それがどうした」といってくれた人達がいた。

　認知症になっても周囲の理解と支えがあれば、前向きに生きることができると広告は語っている。どのような場を作れば認知症の人、家族、専門家、そして地域の人にとって有意義なカフェとなるのか。私たちは議論を続け、それが支援につながればと願っている。一日でも長く自分らしく生き続けるために。

　なお、本文中の所属、肩書き等は、フォーラム開催当時のまま掲載しています。

朝日新聞社CSR推進部長　**西川祥一**

もくじ

口絵　　　　　各地のカフェの紹介・・・・・・・・・・・・・・・・・・・・・・・・・・・・・　2
まえがき　　　地域で、一日でも長く自分らしく生きるために・・・・・・　7
　　　　　　　朝日新聞社CSR推進部長　西川祥一

第1章　認知症カフェという居場所 ──────── 13

　1　認知症カフェと21世紀の社会デザイン・・・・・・・・・・・・・　14
　　　──サードプレイスとしての意義と可能性
　　　　立教大学大学院21世紀社会デザイン研究科委員長・教授
　　　　中村陽一

　2　家族の思い　若年性元気応援サロンから・・・・・・・・・・・　18

カフェ紹介1　　若年性元気応援サロン　　栃木県宇都宮市

　3　認知症カフェとは何か
　　　（1）「認知症の人と家族の会」調査から考える・・・・　28

　　報告　朝日のあたる家　　岩手県陸前高田市

カフェ紹介2　　朝日のあたる家　　岩手県陸前高田市

　　　　（2）なぜ、認知症カフェは必要なのか・・・・・・・・・　46

　　報告　オレンジカフェコモンズ（旧オレンジカフェ今出川）
　　　　　京都市中京区

カフェ紹介3　　オレンジカフェコモンズ（旧オレンジカフェ今出川）
　　　　　　　　京都市中京区

　　　　（3）「オレンジプラン」にみる認知症カフェ・・・・・・　60

　　報告　認知症カフェ　　東京都国立市

カフェ紹介4　　認知症カフェ　　東京都国立市

特別講演　　認知症の人を地域で支えるために ･･･････････ 72
　　　　　　　　　精神科医　上野秀樹

第2章　認知症カフェが果たす役割 ──────────── 89
　　　　報告　カフェdeおれんじサロン　　京都市伏見区
　カフェ紹介5　カフェdeおれんじサロン　　京都市伏見区
　　　　1　認知症カフェをどう位置づけるか･･･････････････ 98
　　　　2　地域の中の認知症カフェ･･････････････････････ 105

第3章　自治体と認知症カフェ ───────────── 109
　　　　報告　みんなとオレンジカフェ　　東京都港区
　カフェ紹介6　みんなとオレンジカフェ　　東京都港区
　　　　報告　ささゆりカフェ　　岐阜県恵那市
　カフェ紹介7　ささゆりカフェ　　岐阜県恵那市
　　　　報告　れもんカフェ　　京都府宇治市
　カフェ紹介8　れもんカフェ　　京都府宇治市
　　　　検討　自治体が取り組む認知症カフェ････････････ 134

課題と展望 ･･･ 141
出演者一覧 ･･･ 147
あとがき　　　朝日新聞社　福田祥史･･････････････････ 153

第1章

認知症カフェという居場所

1 認知症カフェと21世紀の社会デザイン
―サードプレイスとしての意義と可能性

中村陽一

立教大学大学院21世紀社会デザイン研究科委員長・教授
立教大学社会デザイン研究所所長

2013年から、「フォーラム認知症カフェを考える」(主催：朝日新聞社・朝日新聞厚生文化事業団・立教大学社会デザイン研究所)を東京では毎年、立教大学にて開催してきた。

なぜ私たちがこのフォーラムに取り組もうと考えたのか、まず「社会デザイン」という考え方との関わりで述べておきたい。

21世紀に入り、環境や地域紛争など前世紀からの宿題に加えて、新しい形の貧困や社会的排除（social exclusion）が大きな課題となっている。また周知の通り、日本は人口減少・少子超高齢社会のなか、対GDP比200％超の財政赤字、格差拡大や相対的貧困によりチャレンジが困難な状況など、高度化する諸課題の拡大に直面している。

いま課題先進国から課題解決先進国への道筋を展望するためには、従来の発想と方法論を超え、社会の仕組みや人々の参画の仕方を変革し具体的に実現していくことが必要となっている。そのような思考と実践を、私たちは「社会デザイン」と呼んできた。

かつてデザインとは図案を書くことや製品に結びつくものと考えられてきた。しかし、今日、デザインは社会デザインとして、人間

の生活と社会全体に関わり、課題を解決し幸福を生み出すために、想像力や構想力を発揮して関係性に働きかける営みと読みかえられつつある。ちなみに、関係性を壊すのが、災害、貧困、障がい、認知症、差別、人権抑圧等の「社会的排除」であり、いわゆる先進社会に共通して、合法的に排除されているといった状態が多くみられるようになっている。

　こうした営みを筆者は「つながりを編み直すワーク、活かすワーク」と呼びたい。それは活動・仕事（ワーク）であり、稼ぐための労働とは性質を異にする。そうしたワークが行われている現場では、市場経済と非市場経済（たとえば「贈与」の経済やボランティア経済）を越境しながら、関係性（つながり）がデザインする社会（コミュニティー、居場所）が創り出されようとしている。そこでは、「デザインの力で社会の課題を解決する」というよりも、「社会の課題を解決するデザイン」が必要とされており、それは、決して外部から関係性をデザインするといった類のものではない。

地域のインクルーシブ・デザインの場として

　全国各地で展開されている認知症カフェの取り組みは、この意味で、まさに当事者による現場からの社会デザインそのものではないか。私はそう考えた。そしてそれは、「サードプレイス」としての認知症カフェの意義と可能性の拡大としてもみることができるのではないかという気づきにつながっていった。

　「サードプレイス」とは、第一の場としての家庭でもなく、第二の場としての学校や職場でもない、個人の生活を支える第三の場所

として、都市社会学者レイ・オルデンバーグが提唱した概念である[※]。「サードプレイス」では、人は家庭や職場での役割から解放され、一個人としてくつろげる。オルデンバーグは、産業化─効率化─合理化を進めてきたアメリカ社会と、そのもとに展開されてきた都市計画が生んだ人々の孤独の問題を批判しつつ、地域社会を再び活気づけるための「サードプレイス」として、地域に根ざし、長く人々に愛されつづけている地元の飲食店に注目した（もちろん、飲食店だけでなく、時代と社会により、サードプレイスは多様な形態がありうる）。

「見知らぬ者どうしの気楽で面白い混交」を創り出し、情報交換・意見交換の場所、地域の活動拠点としても機能する場への着目にヒントを得たハワード・シュルツが、スターバックス中興の祖と言われるようになったのは有名なエピソードである（スターバックスがサードプレイスであるかどうかはさておき）。

サードプレイスの特徴として挙げられるのは、義務感からでなく喜んでやってくる場所、社会的地位とは無関係、遊び心のある会話が主役、オープンで誰もがアクセスできる、常連がいて空間を形成するが新参者にも優しい、偉ぶったり排他的ではない態度や姿勢、緊張ではなく陽気で気さくなトーンの場、第二の家のような温かい感情を共有する場といったもので、これらは、「認知症の人と家族の会」の調査研究をはじめとした各種報告書、厚生労働省のオレンジプランおよび新オレンジプランなどで言及されている認知症カフェの性格や機能と見事に符合する。

こうしてみてくると、認知症カフェが、今後、社会から排除され

がちな人々や場を包摂し、当事者が一緒になってデザインするインクルーシブ・デザインの場として、どのような空間のデザインを地域で実現していけるのかは、21世紀の日本の社会にとっても大げさでなく重要事であることがよくわかる。

　最低限の生活水準の保障としてのwelfareから、人権が尊重され自己実現が保障される幸福な状態としてのwell-beingへと、人間の心や暮らしといった生きる全体を支える（holisticな）豊かな空間や時間の必要性とそのための場や事業の構築といった中長期のロードマップを考えていくうえでも、認知症カフェの地道な実践は大きく、また深い。

　それはまた、「健康とは、病気でないとか、弱っていないということではなく、肉体的にも、精神的にも、そして社会的にも、すべてが満たされた状態にあること」というWHOの憲章前文を、あらためて私たちに想起させる実践でもある。

　いうまでもなく、現場には、とても日常的で現実的な課題が山積しており、実際はそこに向き合うことからでなくては、実践など望むべくもない。とはいえ、上記した展望のなかでこそ、一つ一つの実践が大河となり、社会を変えていくのもまた事実であることを忘れないでいたいと私は考えている。

※　レイ・オルデンバーグ、忠平美幸訳『サードプレイス―コミュニティの核になる「とびきり居心地よい場所」』みすず書房、2013年

2 家族の思い
若年性元気応援サロン（栃木県宇都宮市）から

　栃木県宇都宮市の杉村美稍子（みやこ）さんは、60代半ばでアルツハイマー型認知症を発症した夫の幸宏（ゆきひろ）さんと一緒に、「認知症の人と家族の会栃木県支部」が開く認知症カフェ「若年性元気応援サロン」（通称：石蔵さろん）に通ってくる。幸宏さんはここでマスター役をし、美稍子さんは主に厨房を担当する。

　――ご主人の認知症に気づいたきっかけは？
【杉村美稍子さん】主人が仕事をリタイアしました後、いつも主人の運転で買い物に行っていたんですけど、ある日、お店へ行く道順がわからなくなってしまいまして、「どっちへ行くんだ？」「どこへ行くんだ？」と。名前を言っただけでは行けなくなってしまったんです。ほかにも、会社のOBの方と待ち合わせをしてお茶をするのに、いつも行っていた場所なんですけれど、「それはどこだ？」という感じで、「いつも行っていたのに、どうしてわからないの？」って、私も冗談だと思って、あまり気にしていなかったんですね。そういうところから徐々に。

　――認知症と診断されたとき、どんな気持ちに？
【杉村美稍子さん】実は、病院へ行くのも、私が誘うとなかなか腰

を上げてくれなかったので、「お姉さんがすぐに行くように言ってるよ。行って、どうもなければいいんじゃない」と言って、連れて行きました。私も半信半疑で、「間違い」と言われるんじゃないかと期待していたものですから、MRI（磁気共鳴断層撮影）を撮って、「アルツハイマー病です」と言われたときは、信じられない気持ちで、一瞬、ぽーっとしました。主人も先生に「これは治るんでしょう？　どうしたら治るんですか」と、行くたびに聞いていました。

――カフェができたきっかけは、幸宏さんが「何か役に立つことをしたい」と強く希望されたことだそうですが、カフェができたとき、どう感じましたか？
【杉村美稍子さん】家では見られない笑顔といいますか、楽しそうにやっています。カフェから帰ると、すっかり忘れているんですけれど、何となく楽しい思いが、家に帰っても続いているんじゃないかなという感じがあります。もちろん、私もカフェを楽しみにしています。

――カフェは月1回ですが、しばらくは家でも楽しい感じですか？
【杉村美稍子さん】主人はまるっきり覚えてはいないですね。私は次のサロン（＝カフェ）を楽しみにしていますけれど。サロン（同）へ行く前に、そこでの様子を撮ったビデオがありますので、それを見せて、「今からここへ行くんだよ」と言うんですね。そして家を出るんですけれど、車に乗って動き出した途端に、「どこへ行くん

だ？」となるんですね。ビデオを見ているときは、「早くここへ行きたい」みたいなことを言うんですけれど。

【勝野とわ子　首都大学東京健康福祉学部教授】 ご主人や奥さま、ご家族にとって、カフェの存在意義はどこにあるんでしょうか？

【杉村美稍子さん】 うちの場合は、主人がまだ元気なものですから、常に「働きたい」「人の役に立ちたい」ということを言っていましたので、たまたま「認知症の人と家族の会」にめぐりあい、代表がいろいろと働きかけてくれまして、働けるようになったんですが、運がよかったというか。

　私は、家族として、「認知症」という言葉があまり好ましくないというか、それで、私は「病気」と言ってしまうんですね。病気になっても元気で、まだまだ働ける人にとって、主人のように働ける場所があちこちにもっと増えて、それが当たり前の社会になればいいなと思っています。

　認知症という言葉は、主人が皆さんにお会いしたときに、「僕は認知症になりまして」と常に言うんですけど、そばにいる私はあまり聞きたくない言葉なんですね。このあいだ、主人の姉からとてもいいメールが届きまして、「熱を出している人に、『熱を出すな』と言いますか？　下痢の人に、『下痢をするな』と言いますか？　言わないでしょう？　忘れる病気の人が、『忘れるな』と言われても困るのです。『認知症です』と言わないで、『忘れる病気です』と言ったらどうでしょうか」というメールなんです。それで、私も認知症という言葉があまり好きではなかったんだなと気がついたんです。

【勝野とわ子教授】 この病気になっても働ける場がカフェにあると、

とてもありがたいということですね。

【杉村美稍子さん】県内に1カ所とか2カ所じゃなくて、ちょっとオーバーですけど、コンビニのようにたくさん、皆さんが元気であれば、働けて、いつでも行けるような所があればいいなと思っています。

【勝野とわ子教授】単に相談とか、つながりを作ることを超えて、働きたいという希望を持っている人は働ける、そういうカフェもあってほしいという気持ちですね。

【杉村美稍子さん】はい。

【勝野とわ子教授】理想としては?

【杉村美稍子さん】やはり、自宅から歩いていける距離にあったらいいなと思います。今行っているところは、すごく遠いんです。先ほど言ったように、たくさんできれば、近くで歩いて行ける距離がいいかなと思います。あと、病気でもまだ診察を受けていない人とか、何となく「認知症じゃないかな」と思っている人も大勢いると思うんです。そういう人たちが何気なく入ってこられて、「認知症の人が働いているんだ」ということで、入ってきやすいようなカフェがあるといいなと思います。毎日行けるような。

　京都のカフェにしろ、陸前高田のカフェにしろ、専門職の人が大勢いらっしゃる、先生(医師)もいらっしゃるということで、うらやましい限りです。宇都宮のカフェは、皆さんが気軽に来られる、誰でも来られて、何でも話せるというのはあるんですけれど、専門職の人と相談することはほとんどありませんので、そういう点でうらやましいなと思います。

【勝野とわ子教授】宇都宮のカフェは、飲み物代ぐらいの利用料ですね。ご家族として、認知症カフェを利用する場合、プラスアルファで、どの程度なら利用したいと考えておられますか。

【杉村美稍子さん】これは個々の人で……。余裕のある人とか、いろいろな人がいらっしゃいますので。余裕のある人は、差し入れとか、寄付をくださる人もいます。また、本人を施設に入れて、残された家族は経済的に精一杯のところで生活している人もいらっしゃいます。私個人の考えとしましては、高級なコーヒーでなくても、高級な器がなくても、居心地がよければ、皆さんが来てくださって、そこで手づくりのケーキや、ちょっとしたランチを食べて、お話をして、居心地がよければ、また来てくれる。そういうことを気遣って、精一杯おもてなしをすれば、飲み物とか食べ物は二の次じゃないかなと思っています。〔2013年12月1日のフォーラムより〕

杉村幸宏さんのメッセージ

　私は昭和16（1941）年生まれですから、今、72歳です。奥さんにはすごくお世話になっています。認知症というのは、歳をとれば増えると聞きます。私は72歳ですが、70歳を超している方もおいでになると思います。認知症になりますと、もの忘れが激しいです。男性が先になると、奥さんにすごく迷惑をかけますから、男性の皆さんも歳を考えながら、「なったらまずいな」ということを考えながら、奥さまにそれなりの手当てをするといいますか、そういうことをお考えになったほうが、家庭がうまくいきますよ。

〔2013年12月1日のフォーラムより〕

カフェは楽しい

【杉村美稍子さん】石蔵さろん（若年性元気応援サロン）に来て楽しいですよね。

【杉村幸宏さん】楽しいね。有効な時間が過ごせるというね、それは、この人（美稍子さん）のおかげだと思ってますよ。私はねぇ、認知症で、しかもどんどん進んでいますから、ほとんどのことを忘れてるんですね。それはどなたもそうなりますから認知症でね。72歳ですので、認知症としてはまだちょっともったいないなあと思いますけども。でも、72歳だから認知症になってもしょうがないというふうに思う気持ちはあるんですね。

【杉村美稍子さん】私も楽しいですね。楽しみにしてます。一番気が楽というか、休まるんですね。同じ境遇ですので、主人が何をしようと、ちょっと変わったことをしても、そんなに気にならないです。

【杉村幸宏さん】あのね、家では迷惑ばっかりかけてますから。

【杉村美稍子さん】家では、変わったことをやると、やっぱり気になりますので、注意したりするから……。

【杉村幸宏さん】もの忘れが激しいから、コロッと忘れちゃうんだね。それはねぇ、どなたも認知症というのは出てくるから。だから、そういうことを考えて、そのときはどうしようかっていうことは、絶えず思ってないとね。私は自分がそんなふうになるとは思ってなかったから、そういうことは一切しなかったんです。この人（美稍子さん）に迷惑ばっかりかけてる。

【杉村美稍子さん】たまには、皆さんで歌を歌ったりとか、やるん

ですよ。「歌って」って、ね。
【杉村幸宏さん】歌は大好きだからね。
〔2013年9月12日撮影のインタビューより〕

今のままで暮らしていきたい
　——これから美稍子さんと2人で生きていく、生活していくのに、どうありたい？
【杉村幸宏さん】今のままでいいですよ。今、すごく助けてもらってるから、今のままだったらいい。ただ、本当だったら、男性で旦那だからね、この人を助けるいろんなことがあって当たり前なんですよ。それが何にもできてないから。そういう点はね、自分で「なんだお前は。まだ生きてるのか」と思っちゃうんですよ。

　——申し訳ないと思うのね。奥さんに対して。
【杉村幸宏さん】うん、そう。

　——今日も、マスター、一日お疲れさまでした。皆さん喜んで帰られました。
【杉村幸宏さん】いや、とんでもない。ありがとうございました。

　——また、来月……。
【杉村幸宏さん】あの、それでねぇ、来たときに命令してください。「あれやれ」「これやれ」「あれやれ」「これやれ」って。そしたら一生懸命やりますから。一生懸命やった後で、「ここがこうだったよ」

「ああだったよ」って注意していただければ、「あっ、これからはそれに気をつけなきゃいといかん」と思っちゃうんですね。そういうことをやりたくてしょうがないんです。

〔2013年9月12日撮影の映像より〕

若年性元気応援サロン

　栃木県宇都宮市の東部、鬼怒川沿いの古くからの集落にある「石蔵さろん」で毎月1回開かれている。飲食代金以外に料金はかからず、だれでも利用できる。

　市内に住む元会社員で、60代半ばにアルツハイマー型認知症を発症した杉村幸宏さんが、「働きたい」「人の役に立つことがしたい」と介護家族のつどいなどで話すのを聞いた「認知症の人と家族の会」栃木県支部世話人代表の金澤林子さんが発案し、会として2012年7月に始めた。体力的にはまだ元気な杉村さんが活動でき、認知症の人を介護する多くの家族が、ひとときをのんびり過ごせる場所になればいいと考えた。

　とくに決まった活動プログラムはなく、利用者は好きな時間に来て、食事をしたりお茶を飲んだりしながら、おしゃべりをして過ごす。店内にはケーナ（南米の縦笛）の生演奏が流れたり、ときには、自然発生的にみんなで歌を歌ったりして楽しむこともある。

　スタッフは杉村さんと、妻の美稍子さんを中心にして若年性認知症の女性2人も加わり、地域の支援者4、5人と家族の会の世話人が交代で2人を手伝う。

　会場の石蔵さろんは、大谷石造りの蔵を改修した建物で、所有していた農家が市内で高齢者支援活動をする社会福祉法人に

第1章　認知症カフェという居場所

栃木県宇都宮市

寄付した。家族の会がここをその都度、無償で借りて、カフェを開いている。この社会福祉法人は市の委託事業として、隣接する建物で元気なお年寄り向けのデイサービスを開いており、カフェは、このデイサービスを利用するお年寄りたちにとっても憩いの場になっている。

〔メモ〕
■開始時期
　2012年7月
■開催日
　毎月第2木曜日
　　午前11時～午後3時
　毎月第3日曜日
　　午後1時～午後4時
■利用料金
　無料
■飲食メニュー（主なもの）
　コーヒー　　　　100円
　紅茶　　　　　　100円
　ウーロン茶　　　100円
　ケーキ　　　　　200円
　ランチ　　　　　500円
■活動プログラム
　定まったものなし。専門職による相談コーナー開設
■運営者
　公益社団法人「認知症の人と家族の会」栃木県支部

（写真はフォーラム当時）

3 認知症カフェとは何か
(1)「認知症の人と家族の会」調査から考える

【鈴木和代　公益社団法人認知症の人と家族の会理事】「認知症の人と家族の会」（以下、「家族の会」）では2013年に『認知症カフェのあり方と運営に関する調査研究事業報告書』を発行しました。調査をするきっかけになったのは、厚生労働省からオレンジプランが出されたことです。

「家族の会」は、30年以上も前から、「つどい」をやってきました。介護をする家族が月に1回、あるいは2回集まって、そこで悩みを打ち明けたり、お互いに相談をし合ったり、知恵を分かち合ったりしてきたのです。認知症の本人の「つどい」もあり、今では年間3,500以上の「つどい」が、どこかで必ず持たれています。そういう「つどい」を早くからやってきた「家族の会」としては、認知症カフェというのはいったい何なのだ、自分たちがやってきた「つどい」とどんなふうに違うのか、と疑問に思ったのです。それで調査を始めることにしました。

当時は「認知症カフェ」という看板を掲げてやっているところはほとんどありませんでしたので、「認知症の人と家族が安心して集える場」を認知症カフェと定義して、全国から情報を収集し、28カ所でアンケートと聞き取りの調査をしました。このうち、オレンジプランが出た2012年に開設したところが約半分でした。日本では

2000年ぐらいから「高齢者サロン」とか「つどい」の場が増えていましたので、開設時期はその頃からです。

　これらの経営母体はNPO法人、社会福祉法人といった民間がほとんどでした。スタッフの約半数は専門職以外の人、つまり、ボランティアや民生委員、家族会のメンバー、認知症サポーターでした。利用者は認知症の本人、介護をされている家族、支援者が同じ数で来ていましたが、一般市民がその2倍ぐらい来ていたというのがおおむねの統計でした。利用する認知症の人に、「初期の人」「軽度の人」という条件を設けているところも半数ありました。

　どんな目的で開かれたのか、選択式で答えてもらったところ、「本人と家族が気楽に立ち寄れる場づくりをめざして開設した」が一番多く、19件でした。それ以外は、「地域に開かれた、出入り自由な場をめざしている」という答えがありました。つまり、地域の中で一般の人たちが自由に出入りできる場で、そこに認知症の人が安心して通える場を作るというのが、認知症カフェの大きな特徴であることが分かります。

　すべての施設で、お茶やお菓子の提供をしていました。昼ごはんを一緒に食べるところもけっこうありました。ポイントは、そこへ来る人たち同士がつながる仕組みを作るために、どういうことをしているかという点だと考えています。

「認知症カフェ　10の特徴」

「認知症カフェ　10の特徴」として、どんな場であるかをまとめました。

1. 認知症の人とその家族が安心して過ごせる場
2. 認知症の人とその家族がいつでも気軽に相談できる場
3. 認知症の人とその家族が自分たちの思いを吐き出せる場
4. 本人と家族の暮らしのリズム、関係性を崩さずに利用できる場
5. 認知症の人と家族の思いや希望が社会に発信される場
6. 一般住民が認知症の人やその家族と出会う場
7. 一般の地域住民が認知症のことや認知症ケアについて知る場
8. 専門職が本人や家族と平面で出会い、本人、家族の別の側面を発見する場
9. 運営スタッフにとって、必要とされていること、やりがいを感じる場
10. 地域住民にとって、自分が認知症になったときに安心して利用できる場を知り、相互扶助の輪を形成できる場

こんなふうに「10の特徴」としてまとめたのが、私たちの最大の成果と言えるかと思います。さらに、認知症カフェが最低限持っていてほしい要素を、特徴とは別に7つ挙げています。そこでは、「認知症の人が安心して過ごすことができる」ということが一番大きな目的だと思います。安心して過ごせるというのは、自分が認知症であることを意識しなくても過ごせることや、認知症の人にも自

分の役割がある、また、自分が病気であることや症状があることで自分の弱みを知ってもらえてそれを受け入れてもらえるので、安心して過ごせるのだと考え、そのように特徴を提言をさせてもらっています。

調査ではいろいろなエピソードがありました。「認知症カフェという名前に抵抗を感じる」という認知症の人や家族の言葉もありました。あるいは、日本にはまだまだ認知症に対する偏見が強い地域もありますので、認知症カフェへ来たことで傷ついて来られなくなった人とか、自分の地域ではなく2時間もかけて遠いところの認知症カフェへ行っている認知症の人もいらっしゃいました。そういう意味で、課題はまだたくさんあると感じているところです。

立ち上げに必要だと思ったのは、行政ときちんとつながっていくことです。例えば民家や空き家を利用してカフェをしようと思っても、地域住民に受け入れられないと、立ち上げた後にトラブルになることもありますので、住民とうまくコミュニケーションを取っていくためにも、行政とつながっていくこと。それから、あんしんすこやかセンターや地域のネットワークともつながっていくことが大事だと思いました。

課題としては、カフェを運営していくサポーターなどの人材確保と育成が挙げられます。カフェを利用する人が「頻度を増やしたいけれども、人がいなくて頻度を増やせない」あるいは、「認知症に対する知識がある程度ないと、なかなか良いサポートができない」という意見が聞かれます。それを解決するには、人材育成が重要です。そして、資金の問題があります。資金的なサポートが必要な場

合にどうすればよいのかは大切です。

　さらにカフェをやっていく上で「何を提供するのが認知症カフェなのか」ということが分かる手引きや、トラブルがあったときに相談できる拠点があるほうがいいのではないかというのが、私たちの調査結果から分かったことでした。

認知症カフェと「家族の会」のつどい

【新田國夫　医療法人社団つくし会理事長】 確かに「認知症カフェ」という言葉自体がいいかどうかは問われると思います。私は認知症を差別化しないという立場で「私は認知症の人です」という意味を含めて、私の地域では「認知症カフェ」とつけました。差別化しないということです。

　例えば、私が脳卒中になってここへ出てきてもいいわけですね。あるいは私はがん患者かもしれないですね。私は認知症になるのと、他の疾患にかかるのは同じことだと思うのです。ところが、こういう場で会場の方に「じゃあ、認知症になりたいですか、がんになりたいですか」と聞くと、ほとんどの人が「がん」と答えるのです。これは、認知症に対する差別の問題なのかもしれませんね。

　「認知症の人と家族が安心して過ごせる場」「家族がいつでも気軽に相談できる場」ということですが、それなら単純に言えば、「家族の会」はカフェではなく、デイサービスをやればよいと思うのですが。

【鈴木和代理事】 もちろんデイサービスでも、本人が安心して過ご

せる場はあると思います。ただ、デイサービスは、介護認定を受けた上で利用するものになっていますので、そこに行く人は"認知症の人"として行くわけです。そこのプログラムに参加して、ある一定の時間を過ごして、何時になったら帰るというシステムになっています。

　一方、認知症カフェの場合は、介護認定を受けている人も、受けていない人も行ける場です。また、時間的にも、いつ行ってもいいし、いつ帰ってもいいという場であるという形式的な違いがあります。

　それから、デイサービスというのは本人が行くわけですが、カフェの場合は家族も一緒に行ってその場で過ごします。本人と家族が一緒に行けるというのは、認知症カフェの特徴だと思います。そこで一緒に過ごすことには、実はすごく意味があります。両者は自宅でも一緒に過ごしているのですが、認知症カフェには日ごろの家族という決まりきった関係性とは違い、第三者がいて交流が生まれてきます。そうすると、家族は認知症の人の、家では見られない一面を見ることができます。そのことが、家族の考え方を改めたりするきっかけになるのです。

　私はそれを、家族と本人の「出会い直し」と表現するのですが、認知症カフェは、その出会い直しをする場であり、それによって家に帰ったときに家族の介護がそれまでとは違ってくることがあります。それまでは「何でこんなことをするのかな」とばかり思っていたのが、「あの人には、こういうことを喜んでやる一面があるのだ」とか、「ほかの人と生き生きと話していた」というのを知って、自

宅での介護がやりやすくなることがあります。そこで過ごす時間が家での介護に良い影響を与えるというのが、認知症カフェの特徴ではないかと考えます。

【新田國夫医師】「出会い直し」という言葉は、すごく良い表現ですね。介護する家族が一番混乱するのは、認知症の人が「なぜこういう行動をするんだろう」、あるいは「なぜ、こうなんだろう」と、日常の中で戸惑うときです。その理由をどのように医者が説明をしようが、誰が説明をしようが、目の前にいる本人をみているのは家族だということですね。

【坂口義弘　公益社団法人認知症の人と家族の会大阪府支部代表】
私たち家族の会では、電話相談を受けておりますが、そこでよく聞くのは「軽度認知障害」という言葉です。厚生労働省の推計で400万人の軽度認知障害の人がいるという発表（2012年の調査結果からの推計値）があってから、家族は非常に敏感になっています。それで受診されるのですが、かかりつけの先生から「軽い認知症ですよ」という言葉が出ますと、家族としてはどう対応していいのか分からないわけです。

　電話相談ではまず、「治療をしたらいいのでしょうか」と聞かれます。「軽度」という認知障害のレベルについて分かりやすい説明がないまま、「軽い認知症」と言われて、われわれに電話をかけてくるのです。われわれもある程度、軽度認知障害と初期認知症の違いを医師に講演などをお願いして知ってはいるのですが、どうした

らいいのかについては、「分からない」というのが本音です。

　もう一つよくある相談は、若年性認知症と診断された場合、「家族としてはデイサービスへ行かせたいけれども、若年の人が行くにはデイサービスの利用者と本人との年齢差があまりにもあって行けない」という相談です。本人が行きたがらないために、社会資源を使えないという状態が続いているわけです。

　そうしたなかで、認知症カフェへの期待が少しずつ膨らんできております。問題は、われわれ家族の会が開いています「つどい」と、認知症カフェの違いといいますか、整合性を検討していかなければならないということです。われわれから見ますと、家族の会の「つどい」というのはカフェ的なものです。

　とくに大阪では、50人ぐらいの「つどい」と、10人ぐらいの「つどいつくしの会」をやっておりますけれども、10人程度の「つどいつくしの会」になりますと、本人も家族も来ますので、ちょうどカフェ的な雰囲気になります。

　そこで、なぜ皆さんがこのカフェ的な「つどい」に来るかというと、やはり仲間づくりです。仲間がいるから来る人が多く、そのため一方の人が欠席すると、もう一方の人が非常に寂しい感じになります。

　「仲間が今日は来ていない」という雰囲気のなかで、2時間3時間と「つどい」にいるのが苦痛になって、そのうち部屋を出ていってしまう人もいます。やはり、カフェのあるべき姿は、本人が楽しいことと、仲間がいるという安心ではないかと思います。

　このフォーラムで感銘を受けましたのは、「『私は認知症です』と

言える町」にしようということです。そうなるためには、相当の課題があると思います。認知症には偏見があると言われますね。「認知症になるくらいなら、がんのほうがいい」という言葉などは、偏見の最たるものですけれども、「私は認知症です」と言える町。そのためには、先ほどお話がありました「認知症の日」を決めるという案は、そうなればいいなと思い感銘を受けました。

　また、われわれが一番考えなければいけない認知症カフェの問題は、入口の問題を話し合ってはいますけれども、出口の問題にまでつながっているという話でした。入口の問題から、認知症は当然進んでいきますので、それに合わせた出口の問題まで考えた、カフェのあり方が大事だと思います。

【新田國夫医師】「家族の会」の「つどい」と、カフェというのは、同じようなイメージですか。

【坂口義弘代表】「家族の会」の「つどい」は、これといった形式が決まってはいません。家族だけの困りごと相談という「つどい」もありますし、本人が来る「つどい」、本人と家族が来る「つどい」もあります。

　40人とか50人という規模になると、本人や家族の発言が少なくなるものですから、小さい規模の「つどいつくしの会」をやりましょうと呼びかけるのです。「つどい」へ必ず来られる夫婦が2組いらっしゃいます。本当にそこへ来ることが楽しみな様子ですが、その夫婦の言葉で一番気になるのは、「帰ったら元のようになる」と

いうことです。月1回というのは少ないかな、もう少し増やしたいと思うのですが、スタッフの問題、予算の問題があって、できない状況です。本来は週1回、あるいは2回がいいと思います。

〔2014年7月26日のフォーラムより〕

■朝日のあたる家　　岩手県陸前高田市

〔2013年12月1日のフォーラムより〕

行本清香　NPO法人福祉フォーラム・東北

　2013年2月17日、NPO法人福祉フォーラム・東北と朝日新聞厚生文化事業団が、「朝日のあたる家」を岩手県陸前高田市に開設しました。朝日新聞厚生文化事業団に寄せられた東日本大震災救援募金によって運営されています。地元の気仙杉などを使って建てられた、木の香りやぬくもりの感じられる、とてもリラックスできる建物になっています。

　「朝日のあたる家」は高齢者、子ども、障害のある人の生活を地域で支えるという、当たり前の地域生活を地域の皆さんと一緒に作っていくためのコミュニティーハウスです。普段は誰もがいつでも立ち寄れるように開放されていて、主に近くの仮設住宅に住んでいる高齢者や近所の人たち、学校帰りの小中学生などが来て、思い思いの時間を過ごしています。また、いろいろなプログラムや音楽会、研修会、講演会も開かれます。さまざまなプログラムが地元の団体と連携しながら地域を支えていますが、認知症カフェもそのうちの一つです。

　プログラムの一つには、在宅療養を支援する相談室もあります。通称、「おはやがんす～相談室」、地元の言葉で「おはやがんす」と

いうのは、おはようございますの意味です。基本的に相談は私が受けていますけれども、必要に応じて、陸前高田の在宅療養を支える会に所属している医療・福祉関係者など地元の団体または行政にもつないでいきます。訪問しての相談にも乗っています。2013年6月、認知症カフェが始まりました。

　陸前高田の地域性としては、認知症に対する差別や偏見がまだ存在していて、「隠したい」という気持ちが強く、認知症を恥と思う傾向があります。世間体を強く気にする傾向もあります。認知症の人を抱えている家族が表面に出ず、閉じこもっている家庭が多いように思えます。

　ところが、認知症カフェを始めるにあたって、地元で認知症を支援しているグループやボランティアから、思いもよらなかった反応がありました。地元の支援団体のメンバーから、「『認知症カフェ』という名前だったら、抵抗感があり参加する人がいないのではないか」と懸念する声が聞かれたのです。今でも、私が作るチラシに、「認知症予防」「介護予防」と、「予防」という文字を加えて、カフェへの参加を呼びかけているそうです。支援員やボランティアからも、「認知症ではなく、何か違う名前にしたほうがいいんじゃないの？」という意見が出されました。

　そういうこともありまして、1回目の認知症カフェでは、人々に認知症カフェという言葉から来る抵抗感とかイメージなどにも触れましたが、私はあえて「認知症カフェ」を始めた思いを皆さんに伝えて、今でも認知症という言葉を抵抗なく使うという態度を一貫して続けています。

「朝日のあたる家」の認知症カフェは、毎月第4木曜日午後1時半から3時半までオープンしています。参加費は無料です。参加者数は8人から40人で、平均25.5人です。毎回、初参加の方がいて、その後、繰り返し参加しています。プログラムはありますが、その場の雰囲気や流れでカフェは進んでいきます。例えば、ある回は、みんなで歌ったり、ちょっとした体操をしたりもしましたが、初参加の人が東日本大震災のことを話し始めたので、長い時間、参加者が震災のことを語る会になりました。

深まる参加者間の交流

　認知症カフェでは、みんなで共有するいくつかのルールがあります。守秘義務の厳守、参加者、スタッフともにオープンな発言ができて、お互いが違う意見を尊重し合う。参加者、スタッフみんなが対等な立場で交流する。医師と患者、講師と生徒、介護者と被介護者という関係ではありません。これらのルールは、毎回のカフェの最初にファシリテーター（進行役）が説明するようにしています。参加者にとっては誰にでも開かれたカフェであり、誰でも気楽に参加できます。また、各自のペースで自由に過ごす。そして、プログラムに参加するかどうか、どのように参加するかは自由です。そして、話したくないことは話さなくてかまいません。

　ファシリテーターは中立的な立場でカフェをサポートします。参加者とのコミュニケーションや参加者主体の自然な流れを大切にして、柔軟に対応します。スタッフを含め、全参加者が多様性を尊重して差別や偏見、スティグマ（烙印）をなくすことができるような

カフェの空間にします。また、障害の有無や職業を超えて一人の人として参加し、「認知症の人」などと分類したり、そのような見方をするのではなくて、一人ひとりの個性を尊重するように心がけています。

　手探りで認知症カフェを始めたわけですけれども、カフェに寄せられた声や参加者の変化をいくつか紹介したいと思います。

　まず、家族ですが、第1回、第2回のころは、ある認知症の男性が発言するたびに奥さまが困惑して、「また変なことを言ってすみません」と申し訳なさそうにしたり、恥ずかしそうにしたりしていました。しかし、回数を重ねるにつれて緊張がほぐれ、今では参加者の理解ある対応によって、不安な表情を見せずに参加するようになりました。強い不安や心配から、認知症の夫のそばを離れられなかった女性は、4回目のカフェで初めて夫を一人でカフェに送り出し、奥さんご自身は自宅で友人とお茶を楽しまれました。

　震災後、口をつぐみ、奥さんとだけ過ごしていた認知症のある元教師は、4回目からは自分の意思で、一人で参加しました。カフェでは「先生」と呼ばれ、積極的に参加者に言葉や漢字を教えています。参加者からは「勉強になる」と感謝されています。

　また、ある認知症の男性の奥さまは、「普段あまり話をしない夫がこんなにしゃべっているのを見て、うれしかった」と話していました。別の認知症のある男性の奥さまからは、「普段、夫は外に出ないけれども、認知症カフェだけは楽しみしている」という言葉も出ました。参加者同士の交流も深まっているようです。例えば、カフェで知り合った人たち同士で、車のない参加者の送迎をするよう

になりました。

つながりを生み出す空間

　地元の支援者や専門家からの声をいくつか紹介したいと思います。特別養護老人ホーム職員からです。

　「制度サービスではない受け皿があればいいと思っていた。制度サービスでは利用待ち、利用限度額や経済的負担、資格者や人員基準など、さまざまな制限がある。認知症カフェは制度による制限なく、地域の方々の助け合いで行える。この近所感覚の助け合いによる地域の見守りが、地域で暮らす基本となる。カフェのメンバーが顔見知りになって、かつてあった、遠い親戚のような助け合いの関係が築かれることを期待している。カフェで参加者が自由に思い思いの場所に座っていたのが新鮮で驚きだった。『ここに来ると安心なんだよね』という場所。毎日が認知症カフェになってほしい」。

　「認知症にやさしい地域支援の会」のメンバーからですが、「認知症を隠したいと思う地域性に加えて、震災による精神的なダメージによって引きこもっている人がいる。認知症カフェによって、そのような人たちにリーチして訪問ができる」というふうに期待してくださっています。また、「認知症カフェでは、以前と比べ、認知症本人が生き生きとした表情をしている」とおっしゃっていました。地域包括支援センターの職員は、「認知症カフェが、陸前高田市が提唱している『はまってけらいん、かだってけらいん運動』の場所になればいい」とおっしゃいます。「はまってけらいん、かだってけらいん」というのは、地元の言葉で「加わり、一緒になって話を

しよう」という意味です。

　認知症カフェは介護家族の集まりではなく、研修会でもない。医療でも福祉でもない。デイサービスとも違います。認知症カフェは、安心感や信頼感のもとにある、誰にでもオープンでウェルカムな居心地のいい場所です。認知症カフェは、「さまざまな壁を取り払うつながりを生み出す空間」です。

　認知症カフェは、被災地のコミュニティーハウスである「朝日のあたる家」の複数のプログラムとの相互作用によって成果を上げています。その認知症カフェが新たなコミュニティーづくりのきっかけとなる可能性もあります。認知症カフェは、さまざまなものを失った被災地で、制度にとらわれることなく、この地域に住む人たち自らが作り出す新しい地域支援活動になるのではないかと思います。

朝日のあたる家

　東日本大震災からの復興支援として建設されたコミュニティーハウスで、「認知症カフェ」は毎月1回開催している。認知症の人と家族、支援者らが多いときで約40人集まる。

　朝日のあたる家スタッフが中心となって、①お茶を飲んで歓談しながら、認知症カフェや介護家族交流会について知る　②脳を活性化する体操をしたり、みんなで歌ったりする　③スタッフが利用者からの相談に乗る、を基本にした約2時間のプログラムが毎回組まれる。

　施設は、津波で壊滅した中心市街地だった一帯から少し離れた、国道沿いの高台にある。朝日新聞厚生文化事業団に寄せられた救援募金で建てられ、2013年2月にオープンした。高齢者や障害者、子どもと、それを支える家族や地域の人たちを主な対象にして、気軽に立ち寄り、お茶を飲んだりおしゃべりをしたり、子どもを遊ばせたりする場として利用してもらうほか、ミニコンサートや料理・食事の会、手芸の会などの交流プログラムも催している。地域の人たち、福祉や医療などの専門職、行政などが協力して、包括的な在宅での生活支援の拠点となることもめざしており、そのための事業として、認知症カフェやその他さまざまな事業に取り組んでいる。

　被災地では、長期間仮設住宅暮らしを強いられるなど、急激

岩手県陸前高田市

な生活環境の変化が引き金になり、部屋に閉じこもりがちになって認知症の症状が悪化したり、顕在化したりする高齢者が増えていると考えられる。そうした状況に対し、カフェの活動を通じて、早期診断や早期対応に結びつけたいと考えている。

〔メモ〕
- **開始時期**
  2013年6月
- **開催日**
  毎月1回午後
- **利用料金**
  無料
- **飲食メニュー**
  コーヒー・お茶（無料）
- **活動プログラム**
  講話、歓談、歌、体操、相談など毎回策定
- **運営者**
  NPO法人福祉フォーラム・東北／社会福祉法人朝日新聞厚生文化事業団

（写真はフォーラム当時）

(2) なぜ、認知症カフェは必要なのか

【勝野とわ子　首都大学東京健康福祉学部教授】 認知症カフェといっても、いろいろな場で、その目的も内容も、かなり多様性があります。なぜ今、それぞれの場で認知症カフェが必要と考えるのか、お聞きしたいと思います。

【武地一(たけちはじめ)　京都大学医学部附属病院医師】 認知症という病気が始まってきたとき、今までだったら、映画を観に行ったり買い物に行ったりと、自分でいろんな所へ行けていたのが難しくなり、だんだん生活が縮小してくることがあります。生活が縮小すると、一人暮らしであったら家の中に閉じこもって、目的のない生活になってしまいがちです。また、家族がいる場合には、家族との葛藤が生じてくる場合もあります。そうした人が、社会の中で自分が活動する場を見つけていただくことによって、精神症状・行動症状が出るのを防ぐ。認知症カフェに行くということは、医学的に言うとそういう効果もありますし、利用者にとっては、自分らしさが出せる場所を確保することにつながるのではないかと思っています。

【勝野とわ子教授】 家族との葛藤を「少しでも楽にしてあげたい」と思っておられる状態というのは、具体的にどのような状態でしょうか。

【武地一医師】同じ話の繰り返しがあると、どうしても「もう言ったでしょう」とか、「何で、こんなことを覚えてないの？」ということになりますので、それが一番頻度の高い葛藤の一つかなと思います。われわれも、診察に同行してきた家族から「忘れていたら、注意したほうがいいですか？ それとも、黙って見過ごしたほうがいいですか？」とよく聞かれます。そういうことが日常茶飯事に起きているのでしょう。しかし、忘れるたびに注意をされると、認知症の本人は、「何で怒られているんだろうな」と思うことがあって、それが本人の葛藤になってくるのではないでしょうか。

【行本清香　NPO法人福祉フォーラム・東北　朝日のあたる家スタッフ】東日本大震災で、陸前高田市は壊滅状態と言えるぐらいの被害を受けました。多くの人が居場所やコミュニティーを失いました。普段の私たちならば意識することがないほど、当たり前のように家があって、安心できる場所があったのを失ったということです。さらに、陸前高田市には病院や行政、福祉という制度のもとで、支援を受けていない認知症の人や家族がいらっしゃいました。そして、地域とか文化とかで想像以上に認知症に対する強い差別や偏見があるということで、そういう地域性のなか、認知症の人や家族が社会とのつながりを持たず、孤立している可能性がありました。そこで、何よりも認知症の人とか、みんなが安心できる、信頼が持てる、気軽に集える場所が必要だと考えたのです。

【勝野とわ子教授】この病気に対する偏見、それが人々が集まるこ

とへの障壁になって、人と人がなかなか結びつかないことになっているのではないだろうかという気がしております。私が聞いたところによりますと、とくに東北は、この病気に対する偏見が強い地域だということですけれども、そのなかでかなりのご苦労がおありだと推察いたします。どのような取り組みで、今日、認知症の人と家族がカフェに出かけてくる状況が可能になったのでしょうか。

【行本清香さん】始めてからそんなに時間が経っていないので、どれくらい差別や偏見をなくす効果を上げているのかは分からないですけれども、日々の一つひとつの積み重ねが大切だと思います。まず、私が「認知症」という言葉に対して偏見なく堂々と言える態度をとること、そして、それをカフェに集まった人たちが共有することでしょうか。そして、そういう態度を認知症カフェでだけではなく、持ち続け広げていくことでしょう。まだ、そういうことしかできていないですけれども、それを続けて広げていきたいと思います。

〔2013年12月1日のフォーラムより〕

【橋本武也　社会福祉法人同和園園長】認知症の診断がどんどん進み、今までは発見されなかった軽度認知障害などが分かってくると、若年性そして初期認知症の人たちが浮かび上がってきます。一方、2000年に施行された介護保険サービスのスタートラインは、寝たきりモデルでした。そして、第1回の制度改正のときに、認知症ケアモデルというものが入りました。それでも、若年性認知症を含

む初期の認知症の人たちへのサービスは、今の医療と介護のサービスには入っていないわけです。そのことが分かったのが、つい最近だということです。オレンジプランと相まって、そこに対する新たなものを作らなければいけない。ただ、それが医療サービスとか、介護保険サービスと言って、国から下りてくるようなサービスでいいのかどうかという議論が、今の時点かなと思っています。

【新田國夫　医療法人社団つくし会理事長】介護保険では該当しない初期の軽度認知障害とか、その前と言ってもいいでしょうか、そういう人たちに、誰が関わり、どのようにしていけばよいのか、ということだと思うんですが。

【橋本武也園長】私はこの仕事をして26年になるのですが、措置の時代も含めて私が出会う方は、もっと進行した後の人たちです。この時期（＝初期、軽度の認知症）の人たちには、まだ出会いませんでした。もっと大変になって、精神科病院へ入院し、どうしようもなくなって、「何とか特別養護老人ホームへ入れてくれ」とか、「緊急ショートステイを」とか、そういう時期に認知症の本人と初めて出会うわけです。地域包括支援センターの仕事をされている人は、逆にそうではなく、元気な人たちと出会って、その人たちが、どの時点からか、「あれっ？　前と違う」という感じになってくる。周囲の老人福祉員とか町内会長は、「あれっ、おかしいぞ」というところから関わっていらっしゃる。そういうふうに時代が変わってきたのを、現場にいて実感しています。

【坂口義弘　公益社団法人認知症の人と家族の会大阪府支部代表】
私が介護を経験したのは、介護保険がない時代でした。介護保険制度が施行されて、経済的には助かったのですが、初期、その前の軽度認知障害のときからのことが何も分からない。「情報がない。行くところがない」という感じでした。今の時代は「カフェ」という集う場所がある。われわれ家族の会の「つどい」も、そういう場所です。

　ただ、私が思うのは、カフェの数と頻度の問題ですね。カフェを「これだけの頻度でしかやらないけれども、その効果をどう見るか」ということがはっきりしないと、広がらないし、行政がそこで、「勝手にやってよ」というのでは進まないと思います。

【翁川純尚　厚生労働省老健局高齢者支援課認知症・虐待防止対策推進室長補佐】 国の認知症対策の考えは25年前、30年前からあり、そのときはどういうことを言っていたかというと、「早期発見、早期対応が必要だ」「認知症の研究が必要だ」「地域の中のネットワークが必要だ」と、今と同じことを言ってはいるんです。でも、なかなか進んでこなかったのは、これから高齢化社会を迎えていく中での様々な課題をクリアしようとしていく中で、寝たきりや身体介護など目に見える課題の解決が優先され、認知症への対応が一歩遅れがちとなったということではないかと思います。

　認知症カフェにもいろいろなパターンがあるし、良いものも悪いものも出てくると思います。今はいろいろなところでこういうフォーラムのようなことをやっていますから、皆さんが認知症のこ

とを知っていらっしゃいます。自分たちもいつかは認知症になるのだと思わなければいけない時代です。認知症カフェをやる上でも、いろいろな社会やノウハウが世の中に転がっているのではないか。地域の中で自分たちがどういうものを作っていくのかを考えるとき、20年前にはできなかったけれども、今はできる。認知症カフェは、そういうところでうまく医療やケアとリンクしてくれるといいなと思います。

〔2014年7月26日のフォーラムより〕

> **報告**
>
> ■オレンジカフェコモンズ　　京都市中京区
>
> 　　　　　　　　　　　　　（旧オレンジカフェ今出川）
>
> 〔2013年12月1日のフォーラムより〕
>
> 武地一　京都大学医学部附属病院　医師

　認知症という病気と関わっていくために大事なことは、周囲の人と軋轢を生じやすいことを理解しておくこと、その人が生きてきた人生、あるいは、一緒に生きてきた人との人生を十分に理解しておくことです。さらに、認知症の人の言葉と思いの違いを上手に受け止めることも大事です。例えば、介護拒否があり、「私は何でもできます。デイサービスなんかへ行く必要がない」と言っていても、家ではかなり生活が破たんしているということもあります。

　認知症という病気が普通の病気と少し違う点としては、影響が生活全般に及ぶところです。「銀行へ行く」、「買い物へ行って料理をする」、「冷蔵庫の物を出して何かする」、「掃除をする」、「トイレを使う」など、日常生活全般に関わってくる病気であるということです。簡単そうに見えてもこれとつき合っていくのは難しく、そういうことを知った上で、熟練していかないといけない病気です。

　京都では、2012年2月に『京都文書』というものを、医療・ケアの現場の人たちが中心になって作成しました。冒頭を紹介しますと、「認知症の疾病観を変えることから始めよう」としています。

従来の認知症という病気のイメージからは、前向きなものは出てこないのではないか、認知症という病気をより早くから理解すること、認知症の人も豊かな生き方を見せてくれることで、認知症というものの疾病観を変えていくことができるのではないかという思いです。

　認知症ケアパスにおいて、認知症カフェがどういう位置づけになるか。認知症が始まって、気づきの時期、軽い時期、中等度、重度、終末期と進みますが、できるだけ在宅、地域の中で、家族、地域の人々とともに暮らしていければいいなと考えます。介護・福祉などの資源と、医療・看護の資源のうち、中心になるのは在宅で使えるサービスです。それでうまくできなくなったときに、バックアップするシステムとしての精神科病棟や入所施設があります。例えば、どこかで認知症であることが分かって、診断を受け、家族会で相談をしたり、あるいは介護保険のサービスを使い、症状が重いときには精神科病棟に入ることがあっても、それは短期的で、また地域に戻って生活をするという、"揺れるやじろべえ"のイメージです。

初期の人へのバックアップ

　介護保険が始まる前から考えますと、現在の日本では認知症の人をバックアップできる資源が整ってきていますが、最初のほうの認知症ケアにあたる認知症初期集中支援チームや認知症カフェは、ほとんどの地域では、まだ十分にない資源です。出だしのところで非常に重要なそれらを作ることによって、やじろべえが医療のほうに

だけ偏ってしまわないようにできるのではないか。認知症カフェを位置づけて、認知症が始まってからの本人や家族の葛藤を緩和していくことによって、地域の中で豊かな暮らしができるのではないかなと、そういう位置づけで考えています。

認知症の発症から診断、そして介護福祉サービスを利用するまでの間は、残念ながら、今の社会ではケアが十分に用意されていません。医療や介護のサービスにうまく乗れない人たちがいたり、認知症への気づきや診断の難しさがあったりと、いろいろな問題があります。そこで、われわれは「オレンジカフェ」というものを作ることによって、少しでも市民に啓発をしていく、あるいは、認知症の人がそこで有意義に過ごす、家族が気軽に相談できる場を作りたい。それによって認知症の疾病観を変え、地域の中で豊かに暮らしていけるようにしたいと思っています。

私たちの作ったカフェは、実験的な意味も考えていますが、学生と市民のボランティアに中心的に関わってもらい、そこに少し専門職のボランティアが入っています。カフェでは認知症の人とスタッフ、家族とスタッフがつながるだけでなく、認知症の人同士や家族同士が結びついたり、認知症の人と別の家族が話をしたりと、そういうことが自然発生的に起こります。認知症カフェを運営するときには、それらをサポートするさまざまな裏方の作業も必要だということを十分に考えないといけません。

さらに、おもてなしといいますか、スタッフの心得を検討しています。飲食を注文するなかでスタッフと親しい関係を作ってもらおうとか、ときには、利用者よりスタッフのほうが多い日もあります

ので、利用者とスタッフがマンツーマンでいくほうがいいのかとか、そのあたりを話し合います。スタッフ自身にとっても居心地の良い場所を作ることにより、誰にとっても居心地の良い場所にしようなどということも考えています。

　オレンジカフェの対象となるのは、基本的には認知症の初期の人たちです。家族との葛藤が生まれることが非常に多い時期ですので、そこをできるだけケアしていきたい。

　カフェではいろいろな認知症の人、あるいは家族が、そこでの気持ちを話されます。75歳ぐらいの男性がおっしゃったのは「ここに集まっている人は、病気が共通項でしょう。でも、病気のことを話すばかりじゃなく、いろんなアホな話も、何でも話せるからいい。自分の弱い部分をみんなに分かってもらっているから、とても気楽になれる。弱いところを隠さなければいけない所はしんどい」ということです。

　私自身も、来院された人とですと10分ぐらいの診察の間に、しかも医者と患者という関係で、「薬を飲んでいますか？」「ちゃんと運動をしていますか？」といったやり取りをして、「では、また来月」とか、「また３カ月後に」という話になりますが、カフェを始めて、一人の生活者として接するなかで本当の思いが出てくる場所でもあるかなと思っています。

　「認知症の人と家族の会」などが中心になって、2006年に「本人会議」というものをされています。そこでは、認知症の本人同士で話し合う場を作りたいというのが一番に挙げられていましたが、そういうところが非常に大事なのだと思います。認知症であることを

分かってほしいとか、私たちの心を聞いてくださいとか、われわれも家族のことを思っていますというメッセージも出されていますが、オレンジカフェでも、カフェの中でみんながつぶやいていることをスタッフが書き留めて、中に張り出しています。

カフェ終了後に勉強会

　カフェが終わった後には1時間半ぐらい、振り返りとともにスタッフの勉強会をしています。「『こういう病気だから』と本人が表現したことが印象的だった」とか、「繰り返しがあっても、本人は会話を楽しんでいる」とか、あるいは、「本人がすぐ近くにいて、話したいことが話せない家族もいた」とか、「介護者がもっと話したそうだった」と、いろいろな観察をしながら、スタッフも勉強しています。「ヒヤリ・ハット集」と言って、こういうことには注意したほうがいいのではないかという点、例えば、「『この前、お会いしましたね』とか『元の席に座ってください』という言葉かけは、記憶が苦手な認知症の人にとってはよくないかな」など、そういうところも学び合いながらやっているところです。

　スタッフが半年ぐらい経つと、達成度自己評価表で評価してもらっています。自分はどれくらいマスターできたかなということです。家族との関わりについても、「こういうことに気をつけましょう」というところを研修していき、ミーティングでも話し合います。認知症という病気について、どういう理解をしているかもチェックします。半年目で達成度が低くても、1年になるとさらに上達しているかなと思っています。スタッフはもともと、専門職と

一般のボランティアで始めたわけですが、勉強を進めて専門性を高め、かつ、親しみがあるというスタッフで運営していくのが大事だと考えています。

　認知症カフェの母体はどうするのか、開催頻度・時間はどうするのかといった、認知症カフェの運営は費用にも関わってきます。今後、認知症カフェを定義づけていく部分かなと思います。運営資金に関しては、やはりケアパスの図の中で、先行投資をすることによって、認知症の人がよい状態を保っていける、地域の中で暮らしていける状態を作るために大事だと考えます。ぜひ、そういうところを、国民的にも話し合って、作っていければと思います。

オレンジカフェコモンズ
（旧 オレンジカフェ今出川）

　京都御所の近く、古い町家も残る住宅街にある交流サロンを借りて、毎週日曜日に開いている。

　所定の活動プログラムはなく、認知症の人とその家族がスタッフを交えてお茶を飲みながら歓談するほか、その都度考えて、散策に出かけたり、習字や手芸など利用者の特技や趣味を生かして交流したりしている。そば打ち体験やバザーの品作りなど、みんなで一つのことに取り組む場合もある。

　京都大学医学部附属病院の武地一医師が中心になって始めた。これまで十分ではなかった初期の認知症の人や若年性認知症の人への支援をするとともに、本人と家族介護者の間に生まれる葛藤や緊張を和らげるため、本人と家族それぞれが気楽に立ち寄れる場にすることなどの理念を掲げている。

　利用者は50～70代の認知症の人と家族約15組。武地医師の外来患者を中心に、自身が利用を呼びかけた人たちで、ほぼ毎週利用する人もいれば、1カ月に1、2回の人もいる。

　スタッフは2日間の研修を受けた市民と学生の有償ボランティア約20人のほか、介護や福祉、医療の専門職も加わっており、介護の悩みなどの相談に応じることもできる。市民ボランティアは京都市による上級講座を受けた認知症サポーター、学生は福祉やソーシャルビジネスを学ぶ人たちを募った。毎

京都市中京区

回、閉店後にその日の出来事を中心にスタッフ勉強会を開くほか、利用者への対応について、トラブルにつながりかねない「ヒヤリ・ハット集」を作って経験を共有したり、達成度を自己評価したりして、カフェの内容の充実に努めている。

〔メモ〕
■**開始時期**
　2012年9月
■**開催日**
　毎週日曜日
　午前10時半〜午後3時半
■**利用料金**
　無料
■**飲食メニュー（主なもの）**
　コーヒー　　　　　100円
　紅茶　　　　　　　100円
■**活動プログラム**
　定まったものなし
■**運営者**
　NPO法人オレンジコモンズ

(3)「オレンジプラン」にみる認知症カフェ

【翁川純尚　厚生労働省老健局高齢者支援課認知症・虐待防止対策推進室長補佐】

　厚生労働省が進める「今後の認知症施策の方向性について」と「オレンジプラン」（＝認知症施策推進5か年計画）、その趣旨はどこにあるのか。認知症については、これまでも介護の現場の人たちや家族の会の人たちが頑張っている中、何が頑張れていなかったか。やはり市区町村－自治体行政で、これは国、都道府県の責任でもありますが、オレンジプランの肝のところは、認知症施策を市区町村単位で進めたいというものです。その中で、認知症カフェのようなものをどう位置づけているかということですが、これには市区町村にも積極的に関与してもらいたいですし、例えばカフェを開く場所を借りるとか、建物を建てるとか、スタッフの人材養成とか、また、いろいろな専門家をカフェに取り込んでいく調整のためなどになりますが、皆さんには市区町村をどんどん利用といいますか、互いにフラットな関係でチームを組みながら、やってもらいたいというのが、われわれの考えです。

　「今後の認知症施策の方向性について」では、家族に対する支援の取り組みの一つの手段として認知症カフェを考えています。認知症の人のライフステージに沿って、いろいろなサービスや支援を行う場面として、認知症カフェも含めて、地域の中で認知症の人を支えていくということです。

そのためには、市区町村にはきちんとした認知症ケアパスを作った上で、介護保険事業計画の中に認知症のことを書いてほしいと考えています。さらには、単に市区町村が計画を作って終わりでは、なんにもなりません。認知症ケアパスの考え方というのは、一人ひとりの認知症の人に寄り添いながら、「伴走型」での取り組みを進めていくことですから、現場の皆さんには、それぞれの認知症の人たちに対する支援を行政とともに進めていただきたいと思います。

今、認知症カフェと呼ばれるものがどんどん増えています。オレンジプランを出したことやこうした取り組みが比較的着手しやすいということもありますが、認知症の初期の段階を中心に、ちゃんと対応しなければいけないという考えが浸透し出したこともあると思います。いずれにしても、必要度が高かったので、いろいろな形のものが作られています。例えばですが、埼玉県川越市が地域包括支援センターを中心にしてやっている認知症カフェ。岐阜県恵那市では、スターバックスコーヒーの協力を得ながら実施しています。京都府宇治市の「れもんカフェ」では、認知症カフェと認知症初期集中支援チームの取り組みを連結しながら行っています。北海道札幌市にある「まどべカフェすとんぷ」は、外観の見た目は普通のレストランやカフェといった感じで気軽に入りやすい雰囲気もあり、カフェのカフェらしさをとったという感じです。東京都目黒区の「Dカフェ・ラミヨ」や神奈川県川崎市の「土橋カフェ」など、医療に従事する先生たちが地域の中で取り組んでいただいているカフェもあります。

また、市民スタッフが主導していたり、開催場所がもともと認知

症カフェをやるためというよりも、地域の中の集いの場としてオープンにした場所をうまく活用しながらやっている例もあります。福井県鯖江市では、商店街活性化や学生活動拠点といった施設を利用しながら若年性認知症の人へのカフェを行うなど、いろいろなパターンがあります。

　また、認知症の方の家族支援がどうあるべきかということを考えた場合、認知症カフェや高齢者サロン等に限らず、これは現在の制度にもあるサービスですが、地域包括支援センター、デイサービスなど、こうした社会資源を充実させていくことによっても、もっと何かができるのではないかと考えています。デイサービスなどに求められるのは、本人だけではなく家族も一緒に来たらいいのではないかということです。こうしたサービス事業所等には介護・医療の専門職はたくさんいますので、専門性のところは申し分ないはずです。反対に、家族でも来られるところにもう少し専門性を入れてみようというのが、認知症カフェだと思います。あるいは、専門性だけではない、心の問題とか、つながりの問題もあるでしょうから、高齢者サロンのようなものもあっていいだろうということです。

地域のノウハウを生かした連携を

　社会全体で支えていこうというのは、国レベルもそうですし、地域レベルも同様です。我々が生活している地域には厚生労働省が管轄していないさまざまな機関もありますが、そんなことを言っている場合ではなく、きちんと連携しようということです。高齢者の尊厳の保持、自立生活の支援のために、地域みんなで共通認識を熟成

していこうということです。力のある人や機関がいがみ合ったりしていること自体がもったいないです。行政の役割は、こうした地域の中のエンパワメントを同じ方向を向けていくための調整をしなければいけないということだと思います。地域にはいろいろなノウハウがありますので、それを連携していくことを踏まえながら、介護保険事業計画をつくる必要があることなど、これから地域包括ケアシステムをつくる上で、こうした考え方については、行政職員にもどんどん求めていこうと思っています。

　こうした認知症の取り組みを進めていくのに、国は国で当然やらなければならないこともありますが、市区町村には、認知症の医療・介護連携体制の構築をやってもらわなければなりません。こうした施策としては、認知症初期集中支援、認知症地域支援推進員などがあります。また、認知症カフェについても市区町村のメニュー事業があります。これまでは、地域の中でサロン、認知症カフェなど形を変えつつやっていますので、市区町村の事業計画にも家族支援策をきちんと盛り込んでもらうことを自治体に求めると同時に、私たちも普及・推進するためには、現場の声を聞きながらやらなければいけない。認知症の人の家族に限らず、いろいろな介護者の支援が足りないので、国と自治体（自治体には現場の皆さんも当然入りますが）ともにやっていかなければいけないということです。

　先程少しお話しした認知症ケアパスについては、一人ひとりの認知症の方のパスに基づく取り組みを実現化していかなければならないわけですが、必要なのは、医療・介護体制の構築のほか、ネットワークの形成と運用です。行政の欠点は、人が変わるとやることが

変わるということです。それは行政も反省しないといけないし、組織としてきちんと動かなければいけないということです。月日がたてば当然地域も行政も変わっていきますので、住み慣れた地域での継続的な支援には、だからこそネットワークが必要だという話です。

　市区町村に求めていることは、ケアパスなどできちんと計画を立てて、施策的には認知症地域支援推進員などのマンパワーを使い、社会資源としての認知症カフェを利用していく、この感覚でPDCA（計画・実施・監視・改善のサイクル）を回してくださいということです。そうしないと、地域の施策はできないということを、1,742ある市区町村に投げかけているところです。

【新田國夫　医療法人社団つくし会理事長】「伴走型」という言葉が、今の発言でちらっと出てきましたね。例えば、地域の先生から「軽度の認知症になったね」と言われたとします。これは非常に重い話なのに、現在の医療のまずいところは、告知だけで終わってしまうんです。本人と家族に告知をしたまま丸投げをして、その悩みも何も放置してしまい、結果として誰もその後をみない。その後を誰が支援して、どうつなぐのか。伴走型というのは、このことを指していると捉えたのですが、いかがでしょう。

【翁川純尚室長補佐】そうですね。認知症の方一人ひとりのケアパスが必要という話をしましたが、実際には、本人に寄り添って伴走していく特定の職種といったものはなく、日本ではまだまだ家族に

頼っていて、機能的なものも含めて、伴走になっているかというと、いないのではないかと思います。

　今後こうした取り組み実施についても検討すべきと考えていますが、その際には、例えば、在宅医療の先生、地域包括支援センター、ケアマネジャー等が連携し、バトンタッチをしていくのであれば、認知症の方御本人を中心として、何かしらの支援を行っていく上での共通ルールというか、共有化の必要性も出てくると思いますし、伴走する仲間として認知症カフェが関わることも考えられ、いずれは認知症カフェに求められる内容にも、こうした必要性が出てくるのかなと思います。

〔2014年7月26日のフォーラムより〕

■認知症カフェ　　　東京都国立市

〔2014年7月26日のフォーラムより〕

新田國夫　医療法人社団つくし会理事長

　私の町、国立市では在宅療養を支援するため、在宅療養推進協議会という行政、医師会、市民が入った協議会が作られています。そこで、在宅医療相談窓口、認知症介護家族の会、認知症まちづくりプロジェクト、国立市認知症の日、認知症市民勉強会（これは2013年度11回、地域を回ってやりました）などをやっています。

　そのなかで認知症カフェは、私自身はこれを地域づくりの一つと位置づけております。つまり、市民社会の中で誰もが集まれる所であり、認知症かもしれないが医療機関へ行ってもどうも分からない、また、仮に認知症と診断されてもその後どうしたらいいか分からないという人を含めて、参加できる場と捉えております。

　国立市について説明しますと、位置的には東京都の真ん中、「へそ」といわれる場所で、人口が約7万4,000人、東京都の中では比較的小さな町です。2014年現在、75歳以上の割合が10.3％で、65歳以上が21.15％という高齢化率になっております。要支援・要介護認定者数は2,963人で、75歳以上の要介護認定で認知症の人たちのマップ作りを始めております。75歳以上の在宅の人は7,282人、元気な人たちは5,140人、認定の人たちが2,142人。そのなかで認知症

の人の介護基準でいう「認知症高齢者の日常生活自立度Ⅱa」という軽度から上の人が58人います。Ⅱaというのは「家庭の外に出たとき、日常生活に支障をきたすような症状・行動や意思疎通の困難さが多少見られても、誰かが注意していれば自立できる」状態です。その人たちをどうするのかという課題があります。

参考にしたのはオランダのアルツハイマーカフェ

同時に、認知症のさまざまな施策の中で、認知症カフェをどう位置づけるかということが課題になっています。認知症カフェ開設の経緯ですが、「家族会に参加したいけれども平日は難しい」「家族会よりも気楽に参加できて、認知症について学び、話し合うことができる場所があるとよいのですが」という声があったことから始めました。カフェでも家族会でも、選択して自由に参加していただくことができるようにできればいいと考えており、つくし会の「やがわデイサービスセンター」を使って開催しています。参加費は無料、参加対象者は認知症の人、介護者、友人、地域住民、専門職等です。開催日時は毎月第1日曜日の13時半から2時間と限定しております。これは今後の課題になると思いますが、月1回でどういう意味があるだろうか、ということです。

参考にしたのは、オランダのアルツハイマーカフェです。オランダ全土で200カ所ぐらい展開されていて、認知症の人と家族のエンパワーメント、仲間づくり、そして、治療の強調ではなく感情的・社会的交流を促す、認知症に対する知識の普及、タブーを破る、認知症と向き合う、ということで始まっています。オランダというの

は、いわゆる公助、保険制度より前に市民社会があり、互助をする、お互いに助け合う世界がありまして、そのなかに認知症カフェを位置づけております。私もそのようなものかなと考えており、国立市でも同じように、認知症の人の社会的交流、知識・理解の普及啓発、「私は認知症です」と言える町づくりをしていこうという位置づけをしております。

オランダではカフェでワインも飲んでいますが、私たちはコーヒーやお茶を出しています。30分ぐらい専門職によるテーマを決めたミニ講話があって、質疑応答、ディスカッションをしながら歓談をします。カフェではテーブルを囲んでグループで語り合います。1グループは4～6人ということで、地域包括支援センターの人たちも入ります。軽度認知症の人たちがだんだん参加するようになったので、その人たちに役割を持ってもらおうということになりました。

カフェで一番大切なのは、家族同士が社会交流をしていただくということです。家族による介護というのは大変なものですから、家族同士がサポートをして、お互いに個別相談をする。さらに、介護などの知識も含めて情報提供をしながら共有化することになります。

「カフェを開きます」と周知するのは市報に掲載するという方法を取るので、その都度参加する人が異なります。家族会へも案内しています。国立市には、「認知症の家族会」と「若年性認知症の家族会」があります。窓口はつくし会医療連携事務局と在宅療養相談室です。

アンケートによれば、「困ったときに相談できる場ができてよかった」「家族（介護者）の気持ちの負担が軽減できた」「悩みが多

かったところ、参加して皆さんからアドバイスをしてもらった」「問題解決は難しいが、カフェに参加している間は気持ちを吐き出すことで楽になる」「もっといろいろな人と話して、体験や工夫を聞きたい」という声が出ております。

　国立市の認知症関連施策としては、「認知症の日」というのを作っています。そして、「わが町認知症アクションミーティング」。これは120～130人の市民が集まって認知症についての課題を語ろうということで、10ぐらいのグループができました。認知症に関する課題は、「こんなサービスを提供してくれるところがない」とか、「医者がいない」とか、そういうことも含めてあるわけですが、それら課題のグループの中で興味のある所へ入っていただいて、さらにそれを検討する。その中で、「認知症の日」を作ることができました。

　それから、認知症家族間の話し合いの場、認知症カフェ、認知症初期対応チームというものを作っております。また、認知症医療支援診療所（モデル事業）の中で地域包括支援センターと一緒に、認知症初期集中支援チームを作っています。さらに、認知症サポーター養成講座もあります。今後の取り組みということですが、認知症の問題は、非常に多くの課題を抱えています。それを市民にもっと分かっていただく必要があると思います。

　少し追加しますが、東日本大震災被災地の岩手県陸前高田市で、朝日新聞厚生文化事業団に協力いただいて「朝日のあたる家」という、気仙杉を使った木のぬくもりを感じる癒しの空間を作り上げ、その中で認知症カフェを始めています。

認知症カフェ

　駅のすぐ近くにある「やがわデイサービスセンター」のフロアを使って、月1回開催する。①認知症の人と家族の仲間づくり、②認知症の人の社会的交流、③認知症に対する知識・理解の普及・啓発、④認知症に向き合う機会とする、などを目的に、オランダのアルツハイマーカフェを参考にして始めた。

　毎回、医療や介護の専門職による30分程度のミニ講話と、4～6人ずつに分かれてお茶を飲みながらの歓談やディスカッションという2部構成で進める。講話のテーマは認知症や介護、関連する制度や施策のほか、高齢者の保健衛生、介護家族の健康管理やストレス対策など、利用者の関心が高いさまざまな分野を取り上げる。後半は各テーブルにファシリテーター（調整・進行役）として専門職が加わり、家族同士が歓談したり介護の経験や悩みを打ち明け合ったりするのを聞きながら、必要に応じて相談に乗ったり助言をしたりする。

　定員は約20人。原則として事前に申し込んでもらう。平均すると毎回15～16人が参加する。大半は認知症の人を介護する家族だが、認知症の人が参加する場合、その役割づくりも意識して、できる人には事前の会場準備やほかの利用者への飲み物の提供、片づけなどを手伝ってもらうことにしている。

　運営する医療法人社団つくし会は、在宅医療を中心に事業を展開しており、国立市と協力して在宅療養の支援体制づくりをしてきた。その一つとして、認知症の人を介護する家族を支援するために、語らいの場である家族会を年4回程度開いているが、もっと気軽に参加できて、認知症について学び話し合うことができ、誰でもが集える場をと考え、認知症カフェを始めた。市内各地に出向いての市民勉強会や、世界アルツハイマーデーにちなんだ「国立市認知症の日」の制定などとともに、住み慣れた町で

東京都国立市

誰もが生き生きと暮らし続けられる地域づくりの一つと位置づけている。

　認知症カフェの約10人のスタッフは、つくし会の職員と国立市の職員がボランティアで参加する。いずれも、看護師や保健師、社会福祉士、医療ソーシャルワーカーなどの専門職で、ファシリテーターを担うほか、ミニ講話の講師役を務めることもある。大手製薬会社が協力しており、茶菓代を支援するほか、会場の手伝いに社員も派遣している。

〔メモ〕
■開始時期
　2012年3月
■開催日
　毎月第1日曜日
　午後1時半〜3時半
■会場
　デイサービスセンター
■利用料金
　無料
■飲食メニュー
　コーヒー、紅茶、緑茶
　菓子類
■プログラム
　ミニ講話
　懇談
■運営者
　国立市
　医療法人社団つくし会

（写真はフォーラム当時）

特別講演

認知症の人を地域で支えるために

精神科医　**上野秀樹**

　私は精神科医として認知症の人の診療をしています。認知症は高齢化が一番の危険因子なので、誰でも高齢になれば認知症になる可能性があり、そして高齢になればなるほどその可能性は高くなります。そして、残念ながら現在、認知症の完全な予防法、認知症になった場合の完全な治療法は存在しません。私たちは認知症を恐れていてもうまくいかないのです。私たちに求められているのは、たとえ認知症になったとしてもそれまでと同じように生き生きと暮らすことができる社会をつくることなのです。

認知症とはどういう状態をいうのか

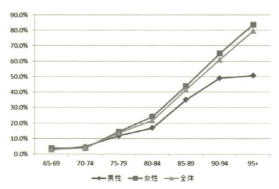

年齢階級別推定認知症有病率
厚生労働科学研究費補助金（認知症対策総合研究事業）
総合研究報告書「都市部における認知症有病率と認知症の生活機能障害への対応」

特別講演　認知症の人を地域で支えるために

　私たち人類の歴史は、何千年、何万年と、暮らしやすい社会を求めて試行錯誤をしてきた歴史です。祖先の努力によって特に衛生環境が改善され、私たちは高齢になっても生きられるようになりました。人類の高齢化に伴って、避けられない課題として、認知症の人が増えているという状況になっているわけです。つまり、私たちは歴史の中で、認知症の人が暮らしやすい社会をつくるという課題を突きつけられているのではないかと思います。

　それでは、認知症の人が暮らしやすい社会というのは、どういうものでしょうか。

　私たち人間は生まれたときには、知的能力は低いですね。それが家庭内で社会生活をし、学校教育などを受けて、知的能力が正常に発達します。こうして一旦正常に発達した知的能力が、ある時からもの忘れや判断能力の低下が出てしまって、日常生活や社会生活に支障をきたすようになった状態を認知症と定義しています。最初から十分に知的能力が発達しない人もいて、そういう人は精神発達遅滞とか、行政用語で知的障害と呼ばれる状態になります。このように、現在の認知症は、本人の要因――もの忘れとか、自分の周囲の状況がわからないとか、理解・判断力が低下しているといった認知機能障害と、そういった認知機能障害がある人がある社会の中で生きていく上で日常生活・社会生活上の支障があるという二つの要因で定義されているのです。

　どれぐらいもの忘れがあるか、どれぐらい判断力の低下があるかなど、認知機能障害を測定する「改訂長谷川式簡易評価スケール」（HDS-R）というスクリーニングテストがあります。満点が30点、

20点以下だと認知症の疑いがあるということになっています。東京のような大都会だと、25〜26点でもなかなか生活がうまくいかないことがあります。ところが、田舎でしたら、10点台前半でもとくに日常生活や社会生活上の支障がないこともあるのです。認知症であるかどうかが、社会の側の要因も大きく関係しているということです。

　認知症になると、脳の神経細胞が死んでしまうことで「認知機能障害」と呼ばれる症状が生じてきます。そして一部の認知症の人には行動・心理症状と呼ばれる精神症状、すなわち不安やイライラ、うつ状態、幻覚や妄想、どこかへ行きたいと思って行き着かないで迷ってしまう「徘徊」などの症状や、きれいにしたいと思っても結果として汚してしまう「不潔行為」と呼ばれる症状が出現することがあります。

　認知症の人は社会生活上・日常生活上の支障があるので、その生活を支えてあげる必要があります。認知症の人への支援は対人的な支援であり、本人がどう感じているのか、何に困っているのか、支援する場合はそういったことを深く理解する必要があります。

連続している暮らしにくさ

　認知症の人の生きる姿がここ十数年でずいぶん変わったと言われており、それには二つの要因があるとされます。一つは、2000年に介護保険が始まって、よいケアが手ごろな価格で手に入れられるようになったこと。もう一つは、2004年ごろから認知症の当事者がい

ろいろ発言するようになったことです。私たちは当事者の発言を聞くことで、認知症の人たちがこの社会の中で何に困っていて、どういう支援を必要としているのかが理解できるようになってきたのです。

　認知症の人は、周囲からするとちょっとよく分からない、理解できないようなことをする場合があります。私たち人間の行動にはすべて意味があり、こうした行動も認知症の人から周囲へのメッセージだととらえることができます。認知症の人は理解力や判断力の低下があるので、言葉で表現するのが苦手です。普通の人であれば、例えば便秘でおなかが張っている場合、そのように表現すれば適切な支援が得られます。でも、認知症の人は言葉でうまく表現できません。でも人間、おなかが張ってくれば苦しいし、イライラします。そうしたら、怒りっぽくなって大声を上げてしまうかもしれない、机をたたいてしまうかもしれません。私たちはこうした行動から、その奥にある認知症の人が伝えたいメッセージを読み取る必要があるのです。

　認知症の人の生活上の支障について考えてみましょう。認知症の人が行きたい場所へ行くことができずに迷っていると、「徘徊」とか言われてしまいます。しかし、五体満足で普通の能力を持った人でも、迷ってしまって目的の場所になかなか行き着けないことがけっこうあります。例えば私も今日、池袋駅からこのホールへ来るのにだいぶ道に迷ってしまいました。

　また認知症の人が、心ない人にだまされて大切な財産を奪われて

しまうことが問題になります。しかし、よく新聞を読んでいると、ときどき普通の人が大切な財産を奪われてしまう巧妙な詐欺事件の記事が載っていたりします。このように認知症の人がこの社会の中で感じている生活上の支障、暮らしにくさは、五体満足で普通の能力を持った人の生活上の支障、暮らしにくさと連続しているんです。

認知症の人の生活上の支障、暮らしにくさが、普通の人の生活上の支障、暮らしにくさと連続しているとするならば、私たちが突きつけられている課題、「認知症の人が暮らしやすい社会をつくる」ということが実現できた時には、それは普通の人も暮らしやすい社会となるのです。障害のある人が暮らしやすい社会についても同じことが言えるでしょう。

「認知症の人のための施策」とか、「障害のある人のための施策」というと、何か特別な人のための施策だと思って、あまり関心を持たれないことがありますが、それは大きな間違いです。認知症の人が暮らしやすい社会、障害のある人が暮らしやすい社会は、実は、五体満足で普通の能力を持った「普通の人」も暮らしやすい社会になるのです。

社会の側の要因を変えること

若年性認知症の人もいますが、認知症は圧倒的に高齢者に多いです。認知症になると、高齢化による身体の機能低下で身体障害のような状態になったり、またもの忘れや判断力の低下、つまり認知機能障害というのはいわゆる知的障害とほとんど同じです。さらに、

一部の認知症の人には、行動・心理症状をはじめとする精神症状が出現することがあります。つまり、精神障害と似たような状態になることがあるのです。このように、認知症になると、従来の分類による三障害すべてが出現する可能性があるということになります。

このようにさまざまな状態になり得る認知症の人を支えるためには、医療や介護だけではなく、あらゆる社会資源の総動員が必要になります。あらゆる社会資源を総動員することで、私たちは認知症の人が暮らしやすい社会の実現を目指すのです。こうして認知症の人が暮らしやすい社会が実現されたときには、私たちの暮らしの質は大きく改善し、社会は飛躍的に進歩していることでしょう。

従来、障害問題に関しては、医療モデルという考え方が主流でした。これは、機能しない体の部分に障害問題の原因を求める考え方です。例えば、目が見えない人、耳が聞こえない人、手足が動かない人がいるとしたら、その人の障害の問題は、見えない目、聞こえない耳、動かない手足といった機能しない体の部分に原因があると考えるのです。すると、その問題を解決するには、見えない目を見えるようにすること、聞こえない耳を聞こえるようにすること、動かない手足を動くようにすること——治療やリハビリが重要ということになります。しかし、残念ながらいくら治療やリハビリをしても改善しない人がいます。こうした障害者は「障害の克服がうまくいかなかった気の毒な存在」として、社会で同情や保護の対象となっていたわけです。

これに対して、日本が2014年1月に批准した国連の障害者権利条約でうたわれているのが、障害の社会モデルという考え方です。こ

の考え方では、障害者の日常生活上の支障は、身体障害、知的障害、精神障害などの本人の要因だけではなく、そういう要因を持った人が社会におけるさまざまな障壁と相対することによって生じる、つまり、本人の要因と周囲の環境との関連の中で障害の問題が生じるのだと考えます。

具体的に考えてみましょう。階段しかない3階建ての建物があるとします。両下肢がまひした車いすを使っている人は、一人ではその建物での上下階の移動は不可能です。すなわち、生活上の支障を感じるということになります。もし3階建ての建物で上下階の移動手段としてロッククライミング用の壁しかない状況だとしたら、どうなるでしょうか。普通の人も上下階の移動が不可能になりますね。このように本人の要因だけではなく、周囲の社会がどのような状況にあるかによって、誰が日常生活上の支障、社会生活上の支障を感じることになるのかが変わってくるのです。

別の例で考えてみましょう。すべての通路が段差がなく平坦であれば、車いすの人も自由に通行することができます。しかし、すべての通路に10cmとか20cmの段差があると、車いすの人はなかなか自由に通行できません。もしすべての通路に2mの段差があれば、どうでしょうか。普通の人も通行することはできないことでしょう。つまり、誰がある社会の中で生活上の支障を感じるかというのは、本人の要因もありますが、社会の側がどういう状況かによって大きく変わってくるのです。言い換えれば、障害問題というのは社会の側の要因を変えることで、大きく改善する可能性があるということです。

移動の自由

社会の状態	車いすの人	普通の人	2mの段差をものともせずに移動できる人
すべての通路に段差のない社会	○	○	○
通路には、高さ20cm程度の段差がある社会	×	○	○
すべての通路に2mの段差がある社会	×	×	○

　認知症の場合も同じで、本人の要因を変えることはできなくとも、社会のあり方も含めた周囲の環境を変えることで、認知症の人が生き生きと暮らすことができる社会を実現できるのです。

認知症の人が生き生きと暮らせる社会

　認知症の人にとっての一番大きな問題は、もの忘れや判断力の低下があるためにコミュニケーション能力が低下してしまい、その結果として周囲との関係性が変化することです。それまでなら、何かを言われたらぱっと返すことができていたけれども、言葉を思いつかないので、発言できなくなり、会話にも加われない。言われていることも理解できない。そうすると、温かく優しい家族と一緒にいるのに孤独を感じたり、いろいろな状況の変化に適応できずに混乱してしまう。

　ここでお話しするのは、私の病院に来られた人の例です。75歳の女性で、アルツハイマー型認知症を10年前に発症された人です。も

の忘れや判断力の低下は激しく、旦那さんと二人暮らしでしたが、ときどき一緒に暮らしている旦那さんのことがわからなくなるようになりました。息子さんからは、「施設でみてもらったほうがいいのではないか」と言われていましたが、旦那さんは「大丈夫だから」と一緒に生活されていたのです。

　ところが、その旦那さんが急性心筋梗塞を起こして4週間ほど入院することになったのです。ひとり暮らしは難しかったので、女性は息子さん宅に引き取られることになりました。すると、女性は息子さんの家でトイレの場所がわからなくなって、そこらじゅうに排泄をするようになってしまいました。しばらくすると、不安とイライラが強まって、「どうにかしてくれ。殺してくれ」と大きな叫び声を上げることが、昼夜関係なく一日に何度も、1時間ほど続くようになってしまったのです。困った家族は手を尽くして支援を求めました。そして、グループホームに入居することができたのです。そこでの生活に慣れると、女性は笑顔で生活ができるようになったといいます。

　その後、うちの病院へ来院されたので、どうしてそんなに改善したのかをお聞きました。すると、息子さんの家では、どこに排泄してしまうかわからないので、「おばあちゃんの部屋」というのをつくって、そこにポータブルトイレを置き、なるべくそこでじっとしていてもらったとのことでした。一方、認知症対応のグループホームは、9人までの認知症の人がなじみの関係をつくって、残された能力を生かしながら一緒に暮らす施設です。人の目もありますから、排泄を疑わせる行動——ちょっとそわそわしているとか、どこ

かを探している様子が見られた場合には、トイレに誘導することで自由に過ごしてもらうことができていました。

　また、息子さん宅では、料理をしてもらうと味つけがめちゃくちゃになるとか、お皿をきれいに洗えない、あるいは洗濯物を家族ごとにわけてたたむことができないとか、家事をしてもらうと結局やり直さなくちゃいけなくなるので、なるべく何もさせないように、お客さん扱いをしていたらしいのです。一方、グループホームは認知症の人が残された能力を生かしながら一緒に暮らす所なので、積極的に本人ができる家事を手伝ってもらったのです。グループホームでは役割が与えられ生きがいができ、笑顔で生活することができるようになったのです。実はこの女性にとっては、何十年も家族のために家事をして家庭を支えてきたことが誇りだったのです。後から考えると、「どうにかしてくれ。殺してくれ」という女性の叫び声は、「私にも何かできることをさせてほしい」というメッセージだったわけです。

　一部の認知症の人にはいろいろな精神症状が出てしまうことがありますが、それはこんなメッセージだったりするのです。ですから、私たちが生活の支援をする場合、認知症の人からの言葉にならないメッセージを読み取るケアをすることが大切です。

　もう一つ私が人間にとって大切だと思うのは、生きがいがあること、すなわち自分が活躍できる場、自分が他人から必要とされていると感じられる場の存在です。認知症のケアや支援を職業とする人はとても優しい人が多いので、ついお世話をしてしまい、認知症の

人を"お世話される存在"にしてしまう。でもそれではあまりうまくいかないのかなと思います。

　確かに認知症の人には生活上の支障がありますから、支援が必要です。世の中には認知症の人だけでなく、うつ病やほかの理由で対人的な支援を必要としている人がいます。こうした対人的な支援を必要としている人に対する支援の原則は共通しています。例えば、うつ病の人への支援です。うつ病を5年半患い、今はカウンセリングや支援をしている人の講演を聞いたことがあります。彼が言うには、「うつ病の人の支援をするポイントは3点ある」とのことでした。一つは、うつ病の人の味方になること、二つには、うつ病の人に居場所を提供すること、もう一つは、うつ病の人に自分の存在価値を再確認できる場を提供することです。これは認知症の人の支援と同じですね。理解されないことが多い認知症の人の味方になること、職場でも家庭でも居場所を失いがちな認知症の人に居場所を提供すること、さらに認知症の人に自分の存在価値が再確認できる場を提供することです。

私たちの社会にある底力を発揮しよう

　2012年6月18日に厚生労働省から国の認知症施策の基本方針が発表されました。『今後の認知症施策の方向性について』というものです。この文書では、わが国のこれまでの認知症施策を再検証しています。「かつて、私たちは認知症を何も分からなくなる病気と考え、徘徊や大声を出すなどの症状だけに目を向け、認知症の人の訴えを理解しようとするどころか、多くの場合、認知症の人を疎んじ

たり、拘束するなど、不当な扱いしてきた。今後の認知症施策を進めるに当たっては、常に、これまで認知症の人々が置かれてきた歴史を振り返り、認知症を正しく理解し、よりよいケアと医療が提供できるように努めなければならない」と、国の公式文書にしてはめずらしく、今までのわが国の認知症施策を批判的に検証しています。

そして、「このプロジェクトは、『認知症の人は、精神科病院や施設を利用せざるを得ない』という考え方を改め、『認知症になっても本人の意思が尊重され、できる限り住み慣れた地域のよい環境で暮らし続けることができる社会』の実現を目指している」と今後の目標を設定しました。

この基本方針が出たすぐ後に、「認知症施策推進5か年計画」(通称：オレンジプラン）が出され、住み慣れた地域のよい環境で認知症の人が暮らし続けることのできる社会をつくる大きな柱として、認知症初期集中支援チームや認知症医療支援診療所、認知症カフェが提案されたわけです。

私は、認知症カフェからの報告を聞かせていただきながら、認知症カフェをつくることが私たちのコミュニティーづくり、地域づくりへの大きなステップになるのではないかと思いました。というのも、日本の社会には大きな底力があるのではないかと思っていて、そうした底力を表面に出すことができればいろいろうまくいくのではないかと考えているからです。例えば東日本大震災を思い出してください。被災地の皆さんは本当に大変な経験をしましたが、自分

が困難な状況にあってもお互いを思いやり、本当に困っている人を自分よりも先に助け、諸外国で災害時に耳にする略奪など社会を混乱に陥れる行動をとる人は皆無でした。東日本大震災で見られた忍耐強さと信頼の深さ、お互いを思いやるこころなど、私たち日本人のすばらしい国民性の発露であり、私たちの社会に存在する大きな底力だと思います。しかし、この底力は今のところ、危機的な状況にならないと表に出てこないのです。認知症の人が住みやすい社会をつくること、それはこうした私たちの社会の底力を平常時にも顕在化することではないでしょうか。

　認知症カフェはこうした「私たちの社会の底力」を発揮するための一つの手段ではないかと感じました。認知症の人のための施策とか、障害のある人のための施策というのは、特別な人のための施策ではなく、普通の人のための施策でもあります。私たちが社会にある底力を上手に発揮することができるようになれば、この社会を認知症の人にとってだけでなく、すべての人にとって住みやすい場所にすることがきっとできるであろうと考えています。

〔2014年11月9日のフォーラム特別講演より〕

認知症と医療　説明

(上野秀樹)

　医療には診断と治療の場面があります。認知症の診断において、大切なのは最初の鑑別診断で治療可能な認知症を除外することです。その後の診断に関しては、認知症は進行していく病気なので、ケアの現場からの情報で臨床診断を適切に修正していくのが大切になります。

　治療の場面を考えてみましょう。認知症の人も人間なので、身体疾患にかかります。治療は、身体疾患の治療、認知機能障害の治療、精神症状の治療の3つに分類されます。認知症の人の身体疾患は、当然のことながら内科、外科等の一般科にて治療します。困ってしまうのは、治療中に精神症状が生じてしまった場合、たとえば落ち着かなくなり安静の指示に従えないとか、勝手に点滴を抜いてしまったり、診療を拒否したりする場合です。このように、認知症における医療の問題は精神症状の問題なのです。

　こうした精神症状に関しては、ある程度発生の防止が可能です。万一、発生してしまった場合には、身体的異常や内服薬によって生じていないかどうかを検討し、認知症の人が混乱しないような良い環境と良いケアを提供することができれば、多くの精神症状は改善します。改善しない場合には、精神科薬物療法の適応になります。このような場合、医療機関への通院は難しいケースが多いので、精神科医療のアウトリーチサービスがあれば、問題は解決します。

　現在、認知症の人の精神科病院への入院が問題となっています。現状、認知症の人の精神科病院への入院ニーズが大きいのが最も大きな問題です。在宅で暮らしていた認知症の人が行動・心理症状を生じてケアが難しくなった場合、施設への入所、精神科病院への入院という2つの選択枝があります。残念ながら現在施設の精神症状に対する対応能力は低く、ちょっとした精神症状があるだけで受け入れを断られてしまうため、精神科病院への入院ニーズが大きくなっています。手軽に利用できる施設や精神科のない医療機関向けの認知症精神科医療のアウトリーチサービスがあれば、精神科入院ニーズを下げることが可能になります。

　また、認知症の人が精神科に入院すると入院期間が長期化することも問題になっています。これは、精神症状の再燃を恐れ、施設や在宅での受け入れを嫌がるのが原因の一つです。こちらに対しても、適切な認知症精神科医療のアウトリーチサービスがあれば、問題が解決します。

　それでは誰がそのサービスの提供者となるべきでしょうか？

　純粋な認知症のケースでは、比較的単純な薬物療法でほとんど副作用なく改善します。これらは認知症に関するきちんとした訓練を受けたかかりつけ医で十分に対応可能です。精神科医師の診療が必要になるのは、もともと医療が必要ない軽度の精神科疾患があって、認知症が合併したようなケースです。

認知症と医療

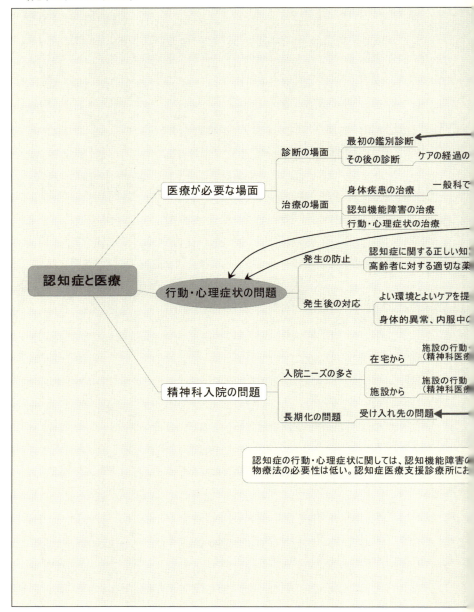

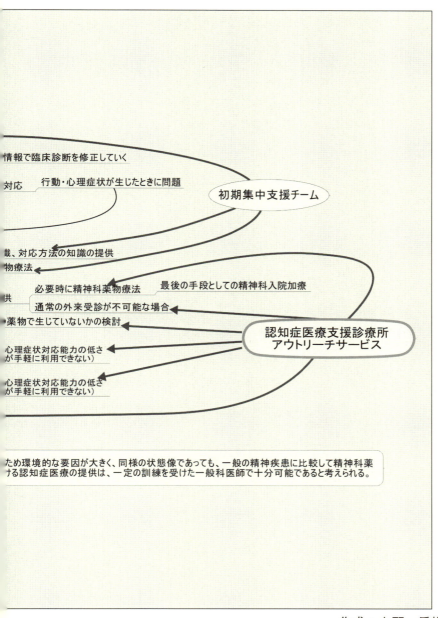

作成：上野　秀樹

第2章

認知症カフェが果たす役割

報告

■カフェdeおれんじサロン　　京都市伏見区

〔2014年7月26日のフォーラムより〕

橋本武也　社会福祉法人同和園園長

「1カ月どうだった？」から

「カフェdeおれんじサロン」を日曜日に開いているのは、家族と一緒に来ていただきたいからです。とくに若年性認知症の人の家族は現役で仕事をされている場合が多いですから、平日には来られません。京都エリアでの認知症カフェの多くが土曜もしくは日曜の開催ですが、家族が一緒に来やすいことを考えているのです。

対象者は「最近、もの忘れが気になる」「認知症の初期と診断されたが、今のところ介護サービスを使うほどではない」「家族にそういう人がいて心配だ」という人たちです。申し込みの窓口は「認知症の人と家族の会」や行政、居宅支援事業所、地域包括支援センター、民生委員などです。うちはコミュニティーカフェを2店舗運営していますが、"おいしいは人をつなぐ"をキャッチフレーズに、本格的においしいものを提供しようと心がけています。

例えば「最近、もの忘れがきつくなったので、精神科へ行って診てもらおうよ」と家族が本人に言っても、「そうか」と行く人はあまりいないと思います。しかし、認知症カフェの場合、「あそこにおいしい喫茶店ができたのでランチを食べに行こうか」、あるいは

「おいしいコーヒーを飲みに行こうか」と言うと、行きやすいという利点があります。ただ、カフェはつなぎ役だと思っています。デイサービスなどがありますので、必要だと判断すれば、そこへつなぐようにしています。

　お話タイムで専門の先生に来ていただいたときには、別途、個人的な相談ができるように時間を取っています。音楽タイムというのは、一方的に「さあ、歌いましょう」という演奏者にはご遠慮願って、自然と歌を口ずさむとか黙って聴くとか、音楽を純粋に楽しむよう心がけているサービスです。カフェタイムは当初、みなさん非常に緊張されていたので、スタッフが間に入って仲を取り持っていましたが、回を重ねるごとにむしろ私たちは邪魔者になってきました。

　月に１回会うというのは、家族にとってすごくいいみたいです。「じゃあ、また来月会いましょうね」と言って、次に会うと、「１カ月、どうだった？」みたいな話で盛り上がっています。仲良くなって一緒にご飯を食べに行ったということもあります。ですから様子を見ながら、「私たちは必要ないな」と思ったら、利用者同士で歓談していただいています。毎回、終わってから、今月の「カフェdeおれんじサロン」はこんな感じだったということを記憶にとどめてもらおうと、新聞を発行しています。困っている人や悩んでいる人がいるときに、「こんな所へ来てみない？」と誘う一つのツールとして役に立つと思います。

　介護保険が始まるときに、それまでデイサービスを使っていた人たちが使えなくなることがありました。その人たちのために毎週土

曜日、昼食代の500円だけをもらってミニデイサービスを始めました。そこで分かったのは、早い段階で関わり始めて、その後の支援につなげることが大事だということでした。私たち特別養護老人ホームにいる者からすると、本人との初めの出会いは、すでに中等度・重度になってからです。そうしたときに、この方の認知症になった始まりの頃はどうだったのか、どうされていたのかがすごく気になるわけです。もし、初めから関わることができていたら、もっと違う選択肢があったかもしれない。そういう意味では、早い段階で関わり始めて、ずっと関わり続けることが大事だと感じていました。

　病院や医師が中心となっているカフェでは、毎回、認知症サポート医がいますから、まだ診断を受けていない人が来ても、そこである程度の医療的な相談を受けられます。家族の会がやっている所は、本人同士や家族同士のつながりが大きい。どういう人たちが、どういう目的でカフェを運営するかによって、機能は変わってきますから、自分たちが持っている強みは何かと考え、どこを一番の強みとしたカフェにするのかということです。「カフェdeおれんじサロン」は、常に医療従事者がいるわけではないので、その部分は弱いですが、ネットワークは持っていますので、医療機関へ紹介することができます。

若年性認知症、初期認知症の方

　若年性認知症、初期認知症の人の入口問題ということが言われます。要介護認定が出る手前では利用できるサービスがない。家族に

も対応していない。それを何とかしようと認知症カフェが広まってきているものの、ではどうやって、どこにつなぐのかという問題があります。私たちは認知症を背負ってこれからどうやって生きていこうかという人たちに対して、「こういう生き方があるんじゃないでしょうか。一緒に考えましょう」という水先案内人の役割を務めます。これが正しいかどうか、まだ分かりませんが、そういう機能があるのではないかということです。ですから、カフェは居場所、来やすさのほか、相談や気づきなどで把握した情報を関係機関にどうつなぎ、連携していくかということが大事だと整理できると思います。

　社会参加の役割としては、くつろげる場所、居心地のよさ、一人でも安心して行ける、また、行っても行かなくてもいい、決められたサービスではありません。「どうされますか」と事前に確認は取りますが、当日になって来てもいいし、来なくてもいい。ピアサポートの部分でいくと、出会いです。同じ認知症の人が集まりますので、「あなたもか」「私もなんだよ」と。そして、自分をさらけ出していい、カミングアウトが許される場所だと思います。家族にとってはスタッフに相談できることと、家族同士の情報交換です。

　共有体験は大切だと思います。これまではネガティブだったけれども、ここへ来るようになってポジティブになったという人も多いです。スタッフの役割、決めごとも非常に重要です。個人情報に関わる部分はありますが、しっかりと情報を蓄積していくことが大事だと思います。

　ある人の事例ですが、日常的にもの忘れが目立ったので近くの神

経内科の認知症サポート医を受診したら、アルツハイマーの診断を受けました。地域包括支援センターを通してうちにつながり、家族と話をするなかで、「主治医が話をちゃんと聞いてくれない。これから先、不安だ」と言うので、別のサポート医を紹介しました。その先生の勧めで要介護認定を受けたら、要介護2でした。現在は前頭側頭型の意味性認知症の疑いと診断が変わり、うちのデイサービスを使っておられます。

　認知症は進行します。出会ったときは軽度でも、とくに若年性アルツハイマーだと5年ぐらいでかなり中等度に進行して、10年経つと重度になっていく方が多いですから、悠長なことを言っていられません。出口へどうつないでいくのか。出会ったところと同じような質のデイサービスとかショートステイ、特別養護老人ホーム、老人保健施設、あるいは病院へつないでいかないと、出会ったはよかったけれども、その後は放り出されて不幸せでは困りますので、最後の最後、看取りのとこまで同じ質で、しっかりと支えていかないといけないと、私たちは思っています。

　課題の一つは医療です。できればお医者さんにいてほしいけれども、お医者さんなら誰でもいいというわけではありません。もしボランティアさんで集まって始めようという場合は、専門職をどう確保するか、認知症サポーターのフォローアップも含めて、どう育成していくかということもこれからの課題だと思います。

　もう一つは広域型と地域型ということ。広域型というのは、今、うちが実際にやっている、日本全国どこから来ていただいてもかまわないというタイプです。地域型というのは、当事者ではなくて、

これから先、認知症のことが心配だとか、もっと勉強をしたいという地域の方たちに来ていただくというものです。

　分けたのには理由があります。実は、昨年（2013年）の１月に１回目のカフェをやったときに、両者を混ぜた形で開きました。当事者の方も地域の方も招いて三十数人が集まりました。ところが、ある当事者のご夫婦が来られて、ご主人が認知症でしたが地域ではそのことをカミングアウトしていませんでした。それなのにカフェには地域の人が入ってきたので、ご夫婦は逃げるように帰っていってしまいました。「これはまずいな」という失敗から、２回目以降は広域型に切り換えたのです。

　このように地域の中でカミングアウトしていない人もいますから、その地域によってもやり方を変えないといけないわけです。本当は行きたいけれども、行けないということもあるでしょう。ですから、カフェ同士をネットワーク化して、その地域で行けないのであれば、別の地域のカフェを紹介するということも今後は必要ではないかということが見えてきました。

カフェdeおれんじサロン

　京都市南東部の古くからの住宅地にあるコミュニティーカフェで、月1回開かれる。事前申し込み制。利用者は毎回20人ほど。ほぼ半数が認知症の人で、ほとんどが家族など付き添いの人と一緒に利用する。孫も連れて3世代で訪れる人もいる。

　プログラムは約40分ずつの3部構成。最初の「お話タイム」では、医師やソーシャルワーカーなど専門職が、認知症や介護について講話をするほか、家族や認知症の人自身が介護や生活の工夫、思い出などを語ることもある。中盤はミニコンサート。ギターやマンドリン、大正琴などの演奏を聴いたり、それに合わせて演歌や唱歌を一緒に歌ったりする。最後の「カフェタイム」は、飲み物とシェフの手作りデザートを楽しみながら、おしゃべりに興じる時間。回を重ねるごとに利用者同士も打ち解けて、会話が弾む。テーブルごとにスタッフが同席し、困りごとを聞いて助言をしたり、介護などに関する情報を提供したりもする。

　スタッフは10人弱。カフェの従業員を含め、運営する社会福祉法人同和園の職員が業務として担当するほか、京都作業療法士会の作業療法士がボランティアで加わる。職員にはケアマネジャーや地域包括支援センターの担当者もいる。毎回終了後にミーティングをして、認知症の利用者一人ひとりについて、本人と家族の様子を中心に、その日の振り返りと今後の留意点などについて話し合い、それらの内容を「情報シート」に蓄積していく。

　会場の「コミュニティーカフェ工房　ひのぼっこ」は、同和園が2011年に開設した。一帯は浄土真宗の宗祖・親鸞の生誕地として知られる京都・日野の山すそで、著名な寺院などが点在する。隣接するデイサービスと一体的に運営し、地域に開かれたカフェとして、普段はランチなども提供している。

京都市伏見区

　カフェdeおれんじサロンは、「初期認知症を生きる人と家族のカフェ」をうたい文句に、従来は個別に実施されていた①認知症の人の居場所・生きがいづくりの場（社会参加）、②認知症の人同士が支え合う関係づくり（ピアサポート）、③医療による初期スクリーニングと継続的なフォロー（入り口問題）、④家族の負担軽減・心理的サポート（家族支援）——の４つの機能を１カ所で提供することをめざしている。

〔メモ〕
■開始時期
　2013年１月
■開催日
　毎月第４日曜日
　午後２時～４時
■会場
　コミュニティーカフェ工房
　ひのぼっこ
■利用料金
　１人500円（飲食含む）
■飲食メニュー
　コーヒー、紅茶、緑茶、ジュースなど、季節の手作りデザート
■プログラム
　お話タイム
　音楽鑑賞タイム
　カフェタイム
■運営者
　社会福祉法人　同和園

（写真はフォーラム当時）

1 認知症カフェをどう位置づけるか

様々な形がある認知症カフェの良さ
【新田國夫　医療法人社団つくし会理事長】厚生労働省にたくさんある施策の中で、認知症カフェをどう位置づければいいのでしょうか。私は、そこで位置づけられるものはあいまいな位置づけでいいと思うのですが。

【橋本武也　社会福祉法人同和園園長】認知症カフェは、まず出会う場所という役割があると思います。次に、つないでいく役割があります。やり方は、ケース・バイ・ケースで違うと思いますが、適切な人を適切な機関、場所、適切な時期につないであげるということです。

　うちのカフェに集まっている利用者に、「ここで何がしたいですか」というアンケートと意見交換をしたことがあるのです。結果を見ると、半数の人が一般デイサービスに求めるようなニーズでした。それを、毎週とか毎日開催にしてしまうと、おそらくデイサービスになるでしょう。「何々セラピーをやって」「認知症予防をやって」となってしまうんですね。私は、認知症カフェの果たす機能というのは、そういう役割ではないだろうと思っています。それなら、既存のデイサービスがもっと発展すべきであるし、2015年に市

町村の地域支援事業に移管したときに、もっと多様なデイサービスができますから、そこでやればいい。やはり入口と出口があって、つないでいくというのが一つの位置づけになると思います。

　厚生労働省の認知症カフェについての位置づけですが、一つ気をつけてほしいのは、制度化して給付対象にはしない方がいいということです。その時点でまたおかしなところへ行ってしまう可能性があるからです。われわれ事業主というのは、介護保険サービスについては「まず給付ありき」という考え方になってしまうので、「そうではないという位置づけ」をしっかりとしてほしいです。今、新田先生が言われた「あいまい」というのは、すごく大事ですね。国の施策の中に文書として位置づけられるのはすごく重要だと思います。ですからまったく文書がないと困るのですが、逆に厚生労働省からその文章で細かい定義づけをされると迷惑です。私としては、「余計なことをせんといて！」という気持ちです（笑）。厚生労働省が、箸の上げおろしのような細かい点まで決めてしまうと、認知症カフェはおかしなことになってしまうのではないかと懸念しています。

【鈴木和代　公益社団法人認知症の人と家族の会理事】私も、現行の制度から漏れ落ちてしまう人やニーズがあるからこそ、認知症カフェというものが出てきて、それが人々に受け入れられていると認識しています。それが制度化されればいいとか、ケアパスの中に盛り込まれて、何かの決まりになればいいとは思っていません。いろいろな人たちが、いろいろな動機で、いろいろな形でやっているの

が現実ですので、その"いろいろな形、いろいろな頻度で、いろいろなことをやっている"ということ自体が、重要だなと思います。

　本人や家族にとって居場所の選択肢が多いことがすごく大事じゃないかと思います。そういう意味では、あいまいさをもって、広げたかったら広げていけるという幅の広さをもった認知症カフェがいいと思っています。

【坂口義弘　公益社団法人認知症の人と家族の会大阪府支部代表】
私を含めて、家族は、「認知症カフェ自体を知らない、知らされていない」という状態ではないかと思うのです。それを、「どういう形で私たちが知り吸収していくのか、また、誰が知らせてくれるのか」が、まず必要です。それこそ、知らせる役は市区町村なのかなと考えます。確かに厚生労働省が制度化して縛ってしまうのでは問題があると思いますが、行政は「知らない」「分からない」ということの解決策を、制度化以外で明らかにしてほしいと思います。

【新田國夫医師】オランダには「アルツハイマーカフェ」という場所がありまして、オランダでは「マントルケア」という言い方をします。何かを作るという意味があり、日本でいう「自助」「互助」「公助」「共助」の中の、「互助」だと思います。公助というのは介護保険の制度になりますし、自助は自分たちの力でということです。互助は、地域、家族、友人になるでしょう。認知症カフェを位置づけるとしたら、そういう意味合いになるのではないでしょうか。

【橋本武也園長】オランダの例で言うと、アルツハイマーカフェというのは、地域住民によるボランタリーな位置づけです。実は、その次の段階で、デイサービスが制度化されていまして、認知症、若年性認知症、初期認知症の人のための特別なデイサービスがあります。これは、家族も一緒に使えるサービスです。例えば、日本では認知症デイサービスというものがありますが、あの中に家族も含まれていて給付対象になるといった形のサービスです。

　利用者と家族が一緒に行くプログラムの日と、本人だけのプログラムの日、そして、家族だけのプログラムの日がオランダでは制度化されていると聞いています。そういったものも、今後、日本でもできるかもしれないですね。

【新田國夫医師】認知症カフェの定義を含めて、私が思っているのは、普通に生きていた人が、あるとき「認知症の人」になってしまう。私は主体と客体という表現をしていますが、私たちは認知症になっても最期まで主体として生き続けることが重要です。客体化されていく、つまり「介護される側」になって、その人への支援すべてが今のサービスの中に取り入れられていくことには疑問があります。認知症カフェは、鈴木さんの調査も含めて、「自分が安心できる場所」というところで意味づけられるかなと思います。

〔2014年7月26日のフォーラムより〕

認知症カフェと専門職の関わり

【武地一　京都大学医学部附属病院医師】今日は、われわれのところも含めて三つのカフェの紹介がありました。全然違うように見えても、共通している部分も多くて、共通している部分はどういうところかというと、認知症の人と家族の人がのびのびと過ごせる場所であるし、認知症のことを心配している地域の人たちも、そこで気楽にいろいろな相談ができる場所であるということです。

そこに専門職がどう入るか、そのあたりは議論していかないといけないところですが、宇都宮のカフェは専門職がおられないということで残念がっておられましたけれど、「認知症の人と家族の会」の人がかなりしっかりと見守っておられると思うので、そういう意味では、専門職と同じかなと思います。認知症の人、あるいは認知症のことを心配している人にとって、気楽に相談できる場所であり、過ごせる場所であるということが大事だと思います。

宇都宮のカフェでは、本人である杉村さん、ご家族とともに、「自分たちはこういうふうにやっているんだ」というのを見せてくださり、本当に励まされる思いです。

【勝野とわ子　首都大学東京健康福祉学部教授】認知症カフェには、いろいろな人が入って、その中に専門職を含めていくのが、人的な形態として一番よいということでしょうか。

【武地一医師】京都市でも、高齢者の居場所づくり、サロンづくりをしているのですが、単に市民・高齢者が集まる場所というだけで

は十分ではないと思います。認知症は侮れません。原因疾患を含めかなり難しい部分があるので、そこは専門職、あるいは、専門職と同等の知識や経験を有する人が一緒にコーディネートをしていったほうがいいかなと思います。

【行本清香　NPO法人福祉フォーラム・東北　朝日のあたる家スタッフ】まずは認知症の本人、家族、関心のある人などが安心できる場が一番必要だと思うのですが、それだけでなく認知症という病気を正しく理解して、その人の状態を理解し安全を守ることができる、そのカフェの空間を見守り、陰でサポートして安全を守ることができる、そして、症状が進行したときにも、必要に応じて適切な場所につなぐことができる、そういうことができるという意味で、専門職がいる意味はあるのかなと思います。

〔2013年12月1日のフォーラムより〕

認知症カフェへの医師の関わり

【新田國夫医師】上野先生にお聞きしたいんですが、認知症カフェに関して、医療との関係がどうとか、医者と関わりがない、うんぬんという話がありますが、医者が認知症カフェに関わる必要がありますか。

【上野秀樹医師】認知症というのは、認知機能の低下、もの忘れとか判断力の低下があるために、日常生活、社会生活に支障をきたし

ている状態なので、必要なのは社会での生活支援だと思うんです。でも、認知症の人も体の病気にもかかるし、認知症の原因疾患というのは医学的疾患なので、医療の下支えは必要だと思います。だから、関係はあってもいいとは思いますけれども、必須ではないと思います。

【新田國夫医師】私もそう思っていて、私のところで開いている認知症カフェに、私はほとんど出ません。私の周りの看護師と、認知症をとても理解したスタッフにやっていただいております。必要なときには私に連絡をすればいい、ということになっております。

〔2014年11月9日のフォーラムより〕

2 地域の中の認知症カフェ

それぞれの地域が求めるもの

【勝野とわ子　首都大学東京健康福祉学部教授】認知症の人がどこで生活をされているかと考えますと、大部分の人たちが在宅で生活されています。認知症の予備軍と言われる人たちも在宅で暮らしているということを考えますと、在宅における支援のシステム、体制が非常に重要になります。

　認知症カフェという名前をつけて、今、活動していますが、実は長年私たちが地域で取り組んできた「認知症の人と家族のための居場所づくりと非常に似ているな」という気がいたします。こういう草の根的な、本人と家族のニーズに基づいた活動が、オレンジプランとして国の施策に上った意義は大変大きいと思っています。そして、認知症カフェに地域の中でどのような機能をもたせていくのがいいのか、ということが重要になろうかと思います。

【行本清香　NPO法人福祉フォーラム・東北　朝日のあたる家スタッフ】今、陸前高田市は、（東日本大震災で）元々あった地域やコミュニティーが壊れてしまっている地域です。ですから、まず、その地域とコミュニティーを作っていかなければなりません。それから地域全体を活性化することを考えたいです。しかし、これは大

きな課題で、まだまだそこには至っていないのが現状です。

　私たちの認知症カフェで言えば、コミュニティーハウスである「朝日のあたる家」に来る人たちは、いろんな年代、障害があってもなくても、子どもでもお年寄りでも、いろいろな人がいるんですけれども、そういう人たちとともに考えて、そこから認知症カフェにつながっていくというところに努力していきたい。そして、もう少し経って地域全体が見られるようになればいいなと思います。今、私たちの作っているのはその段階です。

【勝野とわ子教授】武地先生は、この病気に対する社会の理解を深めるのも大きな目的の活動だとおっしゃいましたが、理解を深めるにはどのような方策が有効なのでしょうか。

【武地一　京都大学医学部附属病院医師】京都で考えているのは、例として述べるのでしたら、オセロゲームで黒いコマばかりがあるところ、つまり認知症の疾病観で「認知症だけにはなりたくない」とか、「認知症になったらおしまいだ」という人がまだまだ多いところを、カフェなどの活動を通じて、場面を白いコマに変えていくといったイメージです。そうすることで、認知症があっても地域の理解のなかで過ごしていけるようにしたいと考えています。

　コミュニティーをどうしていくか、社会をどういうふうにデザインしていくかが、大きなターニングポイントを迎えた日本の課題でもありますし、2025年の地域包括ケアに向けたなかでも、やはり「自助」「互助」をもう少ししっかりしていくということが、参加型

社会に変えていくということになるのではないでしょうか。全体として、そういう流れがあるなかでの、地域づくりだと思います。

　私もどちらかというと、仕事人間ですけれども、仕事人間で生きてきたなかで、認知症カフェの活動をしていると、本当にいろいろな地域の人、あるいはボランティアの人の経験、認知症の参加者の経験を通して、人と人のつながりが見えてくるようです。今、苦労していると言うか、面白いところでもあります。また、今のカフェ以外に、違うタイプのカフェを地域で作ろうとして、活動をしている人と交渉しているんですが、そのなかで「地域で生きる」ということが見えてくるのです。そういう意味で、認知症カフェの活動は、コミュニティーづくりにつながっているのかなと、そんなことを考えています。

〔2013年12月1日のフォーラムより〕

第3章

自治体と認知症カフェ

> **報告**
>
> ■みんなとオレンジカフェ　　東京都港区
>
> 〔2014年11月9日のフォーラムより〕
>
> 茂木英雄　港区保健福祉支援部高齢者支援課長
> 齋藤育子　港区保健福祉支援部高齢者支援課介護予防係主査

　港区は、およそ4×5キロの区域に約23万5,000人がお住まいです。そのうち65歳以上が4万人。そのなかには一人暮らしの高齢者が約5,700人おられ、そのうち3,400人程度は介護保険や高齢者サービスを利用していない人たちです。また、75歳以上の高齢者のみで構成される2,355世帯のうち、1,550人はサービスを利用していません。

　こういう人たちは、まだまだ元気な人もいらっしゃいますが、介護保険サービスや高齢者サービスが行き届いていない人もいらっしゃるのではないかと考えました。この課題を解決するため、港区ではふれあい相談員という制度を始めています。区内に11人配置し、地域の一人暮らし高齢者等を訪問して、困りごとなどの相談を受け、介護保険サービスや高齢者福祉サービス、生活実態に応じた支援につなげていくという取り組みです。併せて、認知症施策にも力を入れていくということで、今年（2014年）の5月に「みんなとオレンジカフェ」を開設しました。

　「みんなとオレンジカフェ」の開設に向けては、国のオレンジプ

ランのメニューの一つである認知症カフェと、東京都の包括補助事業の一つである認知症の人の家族を支える医療機関型連携介護者支援事業を考慮し、港区の多くの介護者が気軽に参加できる仕組みづくりについて検討してきました。医療機関連携型の定義について都庁の担当者に確認しましたところ、「認知症の診断ができる医療機関の中、あるいはそばで実施すること」と言われました。「認知症カフェ形式でも大丈夫ですか？」と尋ねましたところ、「それは大丈夫」ということでした。そこで、港区内の医療機関に、認知症の外来診療があるかどうかを電話で一施設ずつ確認しました。次に、カフェや食堂などで２時間程度実施できるか、病院のケースワーカーを通して、事務担当者にうかがいました。

　多くの病院のケースワーカーや担当者からは、「できるだけ地域に貢献し、協力していきたい」と返事をいただきましたが、実際には、場所の確保が難しいなどの様々な課題があったので、大きな病院のなかで連携してカフェを実施するのは難しいと実感しました。結局、五つの地域のうち、麻布地区のクリニックが併設している民間の高齢者福祉施設内の食堂兼喫茶スペースのみが協力を得られた場所でした。そこでは、併設されたクリニックの精神科医師の協力も得ることができました。これにつづいて、芝浦港南地区は介護予防総合センターで、芝地区はみなと保健所で、高輪地区は高輪区民センターで、赤坂地区は青南いきいきプラザで開設することになり、港区医師会に協力をお願いし実施しているところです。

　2014年1月に個人情報審議会を開き、2月に区議会保健福祉常任委員会、4月、『広報みなと』での告知とチラシの配布、要綱制定、

委託契約。5月に麻布、芝、高輪地区3カ所の開設、7月に芝浦港南地区開設、平成27（2015）年2月、赤坂地区に開設予定、という全体のスケジュールです[※]。

身近な場所で認知症の相談ができる

　認知症カフェの目的は、認知症の人が適切な医療・福祉・介護の支援につながる場を創出するということで、認知症サポート医、高齢者相談センター、ふれあい相談員、民生・児童委員、各地区総合支所保健福祉係担当職員などと連携して、区の認知症コーディネーターが運営を支援し、認知症サポーター、介護家族の人たちが協力して、認知症の疑いのある人を支援、認知症カフェを紹介するというイメージです。対象は65歳以上の区民で、認知症または認知症の疑いのある本人とその家族、認知症予防に関心のある人です。各地区回数は月1回、定員は20人前後。運営はNPO法人への委託ですが、認知症の介護経験者、支援経験者などの専門スタッフがいます。身近な場所で認知症の相談ができます。そこで認知症専門医が認知症に関するミニ講話を行ない、また、希望があれば個別相談に応じています。利用者に配布する「みんなとオレンジカフェ手帳」には、開催日時と場所、血圧の記録ができるようになっています。高齢者相談センターや認知症コーディネーターと連携し、早期発見・診断につながるという特徴を持っています。「財布や眼鏡はどこへいったかな？」「薬は飲んだかな？」「ご飯は食べたかな？」「名

[※] 2015年現在、5カ所とも開店している。

前が思い出せない」——そんな症状があれば、近くの認知症カフェで相談してみようというイメージです。①認知症家族の支援の充実、②医療・福祉の連携による支援の強化、③認知症予防と重症化の防止、④認知症サポーターのボランティア活動強化、などの効果を期待しています。

財源は、東京都の高齢社会対策包括補助事業の先駆的事業（3年間は補助基準額が1,000万円の10分の10、2016年度以降は補助率2分の1）を活用して運営しています[※]。

2014年9月末現在、来所人数は延べ161人です。本人の相談件数は延べ39件、毎回参加している人もいるようです。家族は延べ27人、認知症予防プログラムに延べ14人、見学のみが延べ64人です。参加理由ですが、「高齢者相談センターやふれあい相談員からの紹介」「チラシ・ポスターを見て」「介護家族の会に勧められて」「地域のケアマネジャーさんに勧められて」「家族に勧められて」という人が多かったようです。感想ですが、「とてもいい雰囲気で、話を聞いてもらえてよかった」「病院へ行くほどとは考えてはいないけれども、ちょっとした相談ができてよかった」ということで、気軽に相談できる場所として定着してきています。

今後につきましては、地域ケア会議で課題の検討をして、みんなとオレンジカフェ以外の予防事業を周知して参加を促す、各地区のウォーキングマップを作成する、みんなとオレンジカフェ応援ボラ

[※] 平成27年4月、都の高齢社会対策区市町村包括補助事業実施要綱で、継続して補助する期間は3カ年を限度とすると変更され、平成28年度まで補助金率が10/10となった。

ンティア養成講座を継続するなどを考えています。

　カフェを通じて、子どもから大人まで、認知症予防のために参加協力が出来るような体制にしていきたいと思っております。また、「みんなとオレンジカフェ応援ボランティア養成講座」を開催し、カフェの中で地域のボランティアを育てていきたいと思っています。

第3章　自治体と認知症カフェ

港区のみんなとオレンジカフェ

「みんなとオレンジカフェ」のポスター

「みんなとオレンジカフェ」のポスターは港区内に掲示される。また、病院などに周知のパンフレットなども置かれている。
東京都港区

♥アートコミュニケーション体験
対話型芸術鑑賞で、認知症予防プログラム
　芸術作品を鑑賞し、気づきなどを語り、脳を活性化します。
＜定員＞15名（申込順）
◆＜日程＞11月11日（水）13：00〜16：00
　麻布地区の「みんなとオレンジカフェ」から、汐留の「パナソニック汐留ミュージアム」に移動します。
＜申込＞10月7日（水）、10月14日（水）、11月4日（水）
　「みんなとオレンジカフェ」で、直接申込して下さい。

各カフェでのイベント開催日程などの予定がパンフレットに掲載される。左はイベントの例（東京都港区）

115

みんなとオレンジカフェ

　「みんなとオレンジカフェ」は、港区が区内に5つある高齢者相談センター（地域包括支援センター）の担当区域ごとにそれぞれ月1回の開催をめざして、2014年5月に始めた。現在は、「芝」第4水曜日、「麻布」第2水曜日、「芝浦港南」第1水曜日、「高輪」第3金曜日、「赤坂」第3水曜日という日程でそれぞれ開催している。

　会場は、民間の高齢者福祉施設内のレストランや保健所など公共施設の一室。午前10時〜11時半の午前の部と午後1時〜4時の午後の部で開く。料金はコーヒーや紅茶などの飲み物を含めて1人200円で、どの地区のカフェのどの時間でも予約なしで参加することができる。

　運営は地元で活動するNPO法人と、都内に拠点を置くNPO法人に委託している。保健師や看護師、社会福祉士など専門職のスタッフが常駐しており、認知症に関する疑問や介護の悩みなどを聞いてアドバイスするほか、個別の相談にも応じる。また、区医師会の協力などによって、時間帯は限られるものの、医師も毎回参加しており、認知症に関するミニ講話を開催したり、参加者からの相談に応じたりする。区は「認知症専門医やかかりつけ医などと連携し、適切な医療・福祉・介護につながる場にする」として、必要に応じてその場で医師が医療機関への紹介状を書くような対応も想定している。

　認知症予防活動やミニ講話といったプログラムが用意されているが、内容は参加者の状況に応じて進める。午前と午後の合間の時間帯でも、訪れる人がいればスタッフが対応する。参加者は平均15人ほど。介護家族と認知症の人を中心に、認知症予防に関心があるという人も訪れる。開催日と会場などの情報に加えて参加スタンプ欄を設けた手帳を渡し、継続利用を促し

東京都港区

ており、この手帳を持って毎週各地区のカフェを回る人もいる。都内行楽地への「おでかけバスツアー」やプロの音楽家によるコンサートなども計画している。

初年度の2014年度は事業費として1,000万円を計上。東京都の「認知症の人の家族を支える医療機関型介護者支援事業」からの全額補助で賄っている。

〔メモ〕
■開始時期
　2014年5月
■会場と開催日
・介護予防総合センター ラクっちゃ
　　＝毎月第1水曜日
・ありすの杜きのこ南麻布
　　＝毎月第2水曜日
・高輪区民センター
　　＝毎月第3金曜日
・みなと保健所＝毎月第4水曜日
・青南いきいきプラザ
　　＝毎月第3水曜日
午前10〜11時半と午後1〜4時
■費用
各回1人200円
■プログラム
【午前】カフェタイム・交流・認知症予防プログラムなど
【午後】カフェタイム・相談・ミニ講話など
■主催
港区
■運営
NPO法人エブリィ
NPO法人介護者サポートネットワークセンターアラジン

（写真はフォーラム当時）

報告

■ささゆりカフェ　　岐阜県恵那市

〔2014年11月9日のフォーラムより〕

足立哲也　恵那市地域包括支援センター主査
竹山紗世　恵那市地域包括支援センター主任

　恵那市は岐阜県南東部の山々に囲まれた自然豊かな地域です。人口は2014年現在、5万3,316人。高齢化率は30％を超えております。「ささゆりカフェ」は平成25（2013）年10月から始まった市の新しい事業です。

　市内にはもの忘れ外来の先生が2人いらっしゃいますが、市立恵那病院の先生から、「もの忘れ外来を続けてきたけれども、実際の患者の様子が見えてこない」という相談が市にありました。そこで、市は各社会福祉協議会や福祉事業所、認知症サポーター、認知症疾患医療センター、ケアマネジャーなどいろいろな立場の職種の人を集めた連携連絡会というものを作り、どのような認知症支援ができるのかを議論しました。実際に介護をされている家族をお呼びして、介護の思いを聞いたり、市立恵那病院で「もの忘れ外来家族会」を始めたらいいのではないかという話し合いをして、病院職員だけではなく外部の人も入れた家族会＝相談の場を設けたりしました。市内の助け合い組織の代表を招いて、市の社会資源を知ってもらう場も設けました。

そのように多職種連携を少しずつ進めてきて、2011年4月には、「強化合宿」もしました。いろいろな職種の人が民宿に集まって、実際にどんなことができるのかを、朝から次の日の朝まで丸一日をかけて話し合いをしました。その合宿の中でさまざまなことが話し合われましたが、そのなかから「認知症の人が気軽に足を運べるようにカフェをやっていこう」という発想が生まれました。「認知症になっても思うように生きられる恵那市」をめざすということで、例えば、認知症の人に役割をもっていただきたいとか、必要なときに必要なサポートが得られるようにしていこうとか、いろいろな案が出ました。

ささゆりカフェができるまで

　「ささゆりカフェ」は、認知症連携連絡会の議論で生まれた「もの忘れ外来家族会」から始まっています。同家族会は、2010年10月からの事業で、2カ月に1回開催してきました。認知症の人の家族4～6人という少人数でやってきたわけですが、そこに病院のソーシャルワーカーや看護師、地域包括支援センターのスタッフ、グループホームのスタッフが入って進めてきました。ただ集まるだけではなくて、年に1回は何か特別な事業を行ったら面白いのではないかということで、次の年（2011年）にはグループホームの見学、その次の年（2012年）には、明智回想法センターという古い道具を集めた施設や大正村をみんなで回る企画をしました。こうして、「3年目はどのようなことをやろうか」と話し合って、「カフェをやろう」ということになりました。参加対象者を広げて、誰でも参加

できる憩いの場ということで考えました。

　3年目に何をやろうかと悩んだとき、私としては、オレンジプランに挙がっているカフェをやりたいと提案したところ、課題が三つほど挙がりました。まず、ペットボトルの飲料やインスタントコーヒーの提供でもカフェとして成り立つけれども、これまでの「もの忘れ外来家族会」とか、地域包括支援センターがやっている「家族のつどい」との違いを出したいということ。二つ目は、市では参加者の飲食代は予算化できず、喫茶店を借りるにしても予算を取っていないということ。三つ目としては、認知症の人や家族だけではなく、地域の人たちに広く知ってもらい参加してもらうにはどうするかということでした。

　そこで、恵那病院のデイケアにコーヒー専門店の「スターバックスコーヒー」がボランティアで出入りしているのを見かけていたものですから、協力を得られないか提案をしてみました。スターバックスコーヒーからは、「全世界で社会貢献事業を実施しており、何かしら地域の人に還元したいと考えている。すごくよいことなので、ぜひお手伝いさせていただきたい」という、ありがたいお返事をいただきました。しかも、先方からは、一回きりではなくてずっと継続して、ストアマネジャーが代わっても引き継いでやるということが条件として示され、昨年（2013年）9月の最初の訪問から1カ月後にスタートすることになりました。

自由な発想で工夫を凝らす

　「ささゆりカフェ」は、誰でも自由に参加できるカフェです。カ

フェへ行けば専門職に出会え、相談することもできます。プログラムは作っておりません。場所によって異なりますが、だいたい午後2時から4時までの約2時間、コーヒーなどを飲みながら自由に過ごせます。認知症の人と家族が専門職に相談をしたり、ケアマネジャーと家族が初対面であっても、じっくりと話をしたりしています。誰でも参加できるということで、小さいお子さんを連れて参加してくださる人もいます。恵那病院にある喫茶店で開催したときにも、孫を連れて参加してくださった人がいて、場がとても和みました。得意なハーモニカを持って参加してくださった人がいて、急きょみんなで歌を楽しむ会になったこともありました。

病院のソーシャルワーカーからの提案で、地域に大切に保管されている、昔なつかしい生活道具や農機具を会場に展示したこともあります。スタッフの自由な発想で意見を出し合い、カフェづくりに取り組んでいます。スターバックスコーヒーのスタッフも、毎回3人前後が来てくださいます。笑顔でコーヒーとお菓子を出してくださり、新たなつながりができています。

これまでの参加者からは、「医師と交流を深めることができた」「気分転換ができ、よかった」「行政主催で安心感がある」「先生に勧められるので本人も家族も行きやすい」といった声をいただいております。

カフェの雰囲気を出すために、ブラックボードを購入し入口に設置しています。参加者がスタッフに声をかけやすいように、オリジナルのスタッフエプロンも作成しました。会場が遠くて行けないということがないように、市内各地を回って開催しています。コープ

ぎふ恵那店とか、ライブハウス、モデルハウスなども訪問して、開催の相談をしています。

　昨年（2013年）10月に始めたカフェも、市内で少しずつ知られるようになってまいりました。参加者数も昨年と比べて2倍ぐらいになってきました。これまでやったことがなかったカフェですが、「まずやってみよう」という姿勢が大事ではないかと思っています。スターバックスコーヒーに依頼したときも、不安に思っておりましたが、会ってみたら非常に熱心に話を聞いていただけました。

　カフェは「何でやるのか」「何をめざすのか」というビジョンを持って取り組んでおります。やりっぱなしにしない。カフェをやったということだけにならないように、やることに根拠を持つようにしています。スタッフの皆が参加者の顔を覚え、その都度、会ったときには様子をうかがうようにして、それをフィードバックし、当事者の声を共有できるようにしております。また、「これをやったら、面白いんじゃないかな」というアイデアを次々と出す。回想法グッズもそうですし、本人や家族の視点を忘れないように、どのような場を設けたらいいのかをみんなで話し合っております。

　相談できる人を多く持つということで、スタッフ間のネットワークを強く築くことを心がけております。スタッフによるミーティングを何カ月かに1回実施しています。スターバックスコーヒーのスタッフにも参加していただいて、いろいろと意見をうかがっています。「参加者の声を聞いてフィードバックしていきたいけど、アンケートは堅苦しいので、メッセージカードを作って置いておこう」とか、「もの忘れ外来の待ち時間が大変長いので、その間、自

由に出入りできるようにやりたい」とかの意見が出ます。認知症連携連絡会から派生した「もの忘れ外来家族会」のスタッフが中心になって進めたカフェ事業ですが、施設職員、医師、ソーシャルワーカー、看護師、スターバックスコーヒー、回想法スクールの修了生、ボランティア、さらに、モデルハウス、コープぎふ、とどんどん支援者の枠を広げています。どうしてもスターバックスコーヒーが注目されるカフェではありますが、スターバックスコーヒーももちろん大事なスタッフですけれども、みんなが一緒に取り組んでいることに、私たちは誇りに思っております。

　専門職同士から始まったつながりが、互いに相談し合い協力し合える形になってきて、それが地域の人と出会うことで、「あの人を支えたい」という具体的なイメージを生み出すことになっております。そういったところで、活動に魂が入ってくるのではないかなと思います。つながりを大切に、輪を強く大きく持つことで、私たちができること、また当事者の人たちができることの可能性は、どんどん出てくるのではないかと思っております。

ささゆりカフェ

　恵那市が市内に2つある市立病院と協働で、1～2カ月ごとに開催する。会場や開催日、間隔、時間などは固定しておらず、これまでに市立病院内の喫茶店や地域交流施設、スーパーの多目的広場など、市内各地に出向くような形で開いてきた。スターバックスコーヒーの地元店がコーヒー、紅茶やお菓子を無料で提供し、スタッフも派遣している。

　事前申し込み制で、2時間程度。決まったプログラムはなく、飲み物などを楽しみながらの歓談が中心になる。参加者同士が日ごろの生活の様子や介護の悩みを打ち明けあったり、看護師や認知症地域支援推進員らに困りごとを相談したりできる。料金は無料で、多い時には参加者、スタッフ合わせて40～50人が集まる。参加者の楽器演奏に合わせて歌ったりしたこともある。

　恵那市では2009年から、さまざまな立場の人が連携して認知症の人と家族を支えるため、市と市立病院、社会福祉協議会、福祉事業所のほか、ケアマネジャーや認知症サポーター、一般市民も参加する「認知症連携推進連絡会」を定期的に開いており、そこでの議論をもとに、2010年秋、連絡会による「もの忘れ外来家族会」を始めた。市立病院のもの忘れ外来を受診する人と家族を対象にした交流の場で、定期的な会合のほかに、施設見学など年1回の特別行事を実施してきたが、これを拡大して誰でも参加できる催しとしてカフェの開催を計画。市の地域包括支援センターによる「家族のつどい」とも併せて、2013年10月に認知症カフェをスタートさせた。その際、社会貢献活動として市立病院内にある通所リハビリテーション施設にコーヒーを届けていた店に要請して、協力が得られること

第3章 自治体と認知症カフェ

岐阜県恵那市

になった。カフェの名称は、市の花としているササユリにちなんで付けた。

カフェは「認知症の人の行き場」「介護する家族が気軽に集えて穏やかに過ごせ、連帯感を強める場」などと位置づけられている。随時開催を基本に、地域をまわることで、各地域で自主的なカフェの立ち上げが広がることも期待している。

〔メモ〕
■開始時期
　2013年10月
■開催日
　随時（年間8回程度）
　平日午後の2時間〜
■これまでの開催会場
　・各地域のコミュニティセンター
　・明智回想法センター
　・福寿の里ふれあいセンター
■利用料金
　無料（茶菓つき）
■プログラム
　固定した内容なし
■主催・運営
　恵那市地域包括支援センター
　市立恵那病院
　国保上矢作病院
■協力
　スターバックスコーヒー恵那峡サービスエリア（下り線）店

（写真はフォーラム当時）

■れもんカフェ　　京都府宇治市

〔2014年11月9日のフォーラムより〕

原真弓　宇治市健康福祉部健康生きがい課主任
佐野友美　宇治市福祉サービス公社中宇治地域包括支援センター

　宇治市では、認知症カフェを始めるにあたり、カフェ単独では考えておらず、認知症施策全体の取り組みの一つとしてカフェを開催しています。もともと、認知症予防をメインに事業を展開していましたが、「認知症の疑い」の段階ではなかなか支援につながりませんでした。その結果、中等度・重度に進んでから地域包括支援センターへ相談される方が多く、それでは地域で生活することが難しいとして、どちらかというと、地域から排除していくのがこれまでの流れになっていました。しかし、これではどれだけ予防をやっても立ち行かず、その状況を改善するため、現在は認知症の疑いのある段階から誰かが関わる形をめざしています。

　認知症コーディネーターの配置が主になりますが、認知症が疑われる段階で専門のスタッフと出会える場を作りたいというのが趣旨です。認知症コーディネーターは何をするのか。もの忘れ連絡シートというチェックリストによる該当者訪問、カフェの企画・運営、家族支援の教室、認知症あんしんサポーター養成講座、さらに、認知症初期集中支援チームも担当します。

新たなれもんカフェを作るには

　宇治市では認知症カフェのことを「れもんカフェ」と呼んでいます。認知症のキャッチカラーがオレンジであるのに対し、認知症になる前の段階から出会える場所ということで、オレンジよりも薄い色のレモン色を選びました。2012年12月がモデル的に実施した1回目で、市の事業としては2013年6月からです。コンセプトは、「宇治市の人が誰でも気軽に行ける場所で、そこには相談できる専門スタッフがいて、認知症の人もそうでない人も、みんなが一緒にゆったりと楽しく過ごせる空間」を考えています。

　昨年度（2013年度）は4カ所、今年度は6カ所に拡大しているところですが、開催場所を増やしていくにあたっては、地域包括支援センターが「このあたりには高齢の独居の人が多い」とか、「このあたりは坂が多くて外に出にくい」といった情報を出し、そのあたりの喫茶店やレストランを探します。そして、「ここでやってみたい」という所へ認知症コーディネーターとともに訪問し依頼をする。「うん」と言っていただければ、カフェが開設されるという形です。

　認知症コーディネーターは、認知症カフェの運営と、初期集中支援チームとしてアウトリーチに出向く事業、そして、普及啓発事業の三本柱でやりますが、これによって、カフェに来られた本人・家族などが「ちょっと心配があるねん」と言って初期集中支援チームにつながったり、チェックリストで訪問させていただいています。「ちょっと心配があるけど、受診まではな」というところでカフェに来られ、そこからスムーズな受診につながるなど、事業の連携が

できてきたりしているのが、宇治市の特徴になっています。以前は予防が中心でしたので、「認知症になって困っているんや」と言われると、手立てとしては受診を勧めるしかなかったわけですが、今はカフェを紹介したり、受診はできなくても専門職員が自宅に寄ることができるようになりました。

れもんカフェのスタッフは、認知症コーディネーターと地域包括支援センターの職員、福祉サービス公社職員、そして専門職のボランティアです。どの会場でも、大きく３部構成になっています。第１部が認知症についてのお話、第２部がミニコンサート、第３部がカフェ・交流タイムです。カフェには認知症の当事者の人も参加されていますので、一つひとつのプログラムが長すぎないように、30分程度で場面転換をしていき、カフェ全体で１時間半くらいの構成にしています。終了後に個別相談を希望される人には、専門職スタッフが相談を受ける時間を設けています。認知症についてのお話の内容は、参加者の顔ぶれを見ながら、当事者向けであったり、地域住民向けであったりと、会場ごとに変えています。ミニコンサートはどの会場でも、地域の音楽家の方にご協力をいただいています。

専門医も私たちも普段着で参加していますので、誰が参加者か、誰が専門職か分からない状況になっていて、緊張することなく自然に交流ができていると思います。もちろん、スタッフだと分からなくては相談ができませんので、スタッフの名札にだけ小さくレモンマークを入れています。

会場で花を生けてくださる、お若い認知症の人がいますが、その人はお若いので、「カフェに参加しませんか」とお声がけをしたと

ころ、「まだ私が行くところじゃない」とおっしゃったんです。「それなら、会場のお花を生けてくださいませんか」と言ったところ、「それなら行くわ」ということでご協力いただいています。単にカフェを利用するだけではなく、その人が持つ力を発揮できる場になるように取り組んでいます。

認知症初期集中支援チームの連動

　カフェには、地域住民、認知症の不安がある人、認知症の本人や家族など、さまざまな人が参加されます。毎月開催しているReos（リオス）槇島という会場では、40人定員のところを毎回30〜35人が参加し、そのうち約7割が継続して参加してくださる人たちです。地域福祉センターの会場では、多いときは90人ほどが来られたこともありました。年齢層は30代から90代と幅広く、大半は60代から80代が占めています。

　参加目的は参加される方によってさまざまです。他の参加者との交流を楽しみにされている人、認知症について勉強したいと講義を聞きに来られる人、専門職スタッフとの個別相談を希望される人の中には、すでに介護保険サービスを利用している人もいます。ケアマネジャーに相談して、「この週はカフェがあるから、デイサービスを他の日にしてほしい」と調整される人もいます。一人で来る人もおられます。友人や家族、配偶者や子どもと一緒に参加する人が多いです。地域に関係なく、会場の雰囲気や参加者の層などで自分の行きたいカフェを選んでもらいます。なかには、すべてのカフェを巡っている人もいます。

スタッフは主に参加者の話し相手と、喫茶配膳の手伝いをします。継続して参加している人については、本人や家族の様子を見て、変化など気づいた点を事後のミーティングで振り返ります。どのように対応したらいいか、専門医から意見や説明を聞くことができるので、カフェが専門職のOJTの場にもなります。個別相談は、地域包括支援センターが主に対応し、初期集中支援チームにつなげるケースにつきましては、認知症コーディネーターも同席しています。

　宇治市の特徴は、れもんカフェと認知症初期集中支援チームの連動です。初期集中支援チームにおいて、れもんカフェは大きく二つの役割を持っています。一つは支援のつなぎ先としての役割です。「まだ介護保険サービスは早いかな」とか、「介護予防教室は合わないかな」という人には、まず、「カフェに来てみませんか」とお声がけをします。参加者は会場を選べますし、参加者によってカフェの役割も変わる。多様性があるのがカフェなので、そういった点を伝えて、支援の一つとして紹介しています。

　家族にとっては、医療やサービスにつながっても、実際に介護をされているなかでは不安や負担がゼロになることはありません。ですから、支援に結びついた後でも、認知症について継続的に学んだり、他の介護者と交流や情報交換をしたりする場として、カフェを紹介しています。

　もう一つは、支援の入口としての役割です。カフェの場で支援者や家族、私たちが一緒に今後の支援の方向のイメージを作り、共有したり、カフェで個別相談を受けて、支援につなげることもあります。

カフェでは今後も、本人と家族を中心に、参加するだけではなく、役割を持ち、能力を生かす機会を作っていけたらと思います。また、私たちが中心になるだけではなく、カフェを増やしていくためにはスタッフを育成する必要があるので、今あるカフェを専門職のOJTの場としながら、運営に協力してもらえるサポーターも増やしていけたらと思っています。

れもんカフェ

　れもんカフェは、京都府宇治市の北部にある地域交流型カフェレストランを中心に、4カ所を拠点として2013年度に開始し、2014年度は2カ所増やして計6カ所で開催している。6つある地域包括支援センターの圏域ごとに1カ所ずつ用意されたことになる。主会場になっているカフェレストランでは毎月1回、それ以外のカフェや公共施設では2〜3カ月に1回、いずれも土曜か日曜の午後の1時間半〜2時間程度開催している。
　コーヒーなどの飲み物とお菓子がついて、1人300円程度。先着順で予約の必要はない。カフェの大黒柱的な存在の精神科医、森俊夫・京都府立洛南病院副院長による「認知症についてのお話」、地元の音楽愛好者らによる「ミニコンサート」、そして「カフェ・交流タイム」の3部構成で、認知症の人とその家族を中心に、それぞれの地域の人たちなども含めて30〜40人が参加する。終了後には森医師や他の専門職のスタッフらが参加者からの個別の相談にも応じる。
　認知症の人と家族、地域の人たちがともに心地よく過ごすことで、認知症のイメージを変え、早期受診を促して医療や介護へつながりにくい人を減らしたいと、森医師が2012年末から試行してきた認知症カフェを、2013年6月に宇治市が「初期認知症総合相談支援」の一つとして事業化した。運営は宇治市福祉サービス公社に委託している。「認知症の人、家族介護者が安心して過ごせる居場所」「認知症の不安がある人、家族が気楽に相談できる場」「地域の人が認知症について正しい理解を深められ、専門職にとっても学びの場」「認知症の人、家族介護者、専門職、支える地域の人が出会える場」を目的に掲

第3章　自治体と認知症カフェ

京都府宇治市

げ、2013年度全国14カ所のモデル事業の1カ所として始めた認知症初期集中支援チームとの連動も重視している。

　回を重ねるうちに、それぞれのカフェは「認知症の人と家族の居場所型」「コミュニティーカフェ相乗りのサロン型」「地域の一般の人の参加が多い啓発型」など、会場ごとの特徴が明確になってきたという。

〔メモ〕
■開始時期
　2013年6月(2012年12月〜試行)
■会場と開催日
　・地域交流型カフェレストランReos(リオス)槇島
　　＝毎月1回、日曜
　・とんがり山のてっぺんDE!
　・カフェ・アドリアーナ・ノーヴェ
　・東宇治地域福祉センター
　・西小倉地域福祉センター
　・カフェ頼政道
　・自然派カフェそら豆
　・床の宿Rigoletto
　　(とこのやどリゴレット)
　　＝各2〜3カ月ごと、土曜または日曜
■参加費
　300円(茶菓つき)
■プログラム
　第1部　認知症についてのお話
　第2部　ミニコンサート
　第3部　カフェ・交流タイム
■主催
　宇治市
■運営
　一般財団法人宇治市福祉サービス公社

(写真はフォーラム当時)

検討

自治体が取り組む認知症カフェ

　自治体が取り組む認知症カフェを取り上げた第3回のフォーラム（2014年11月9日）では、各自治体の担当者が、運営方法などについて参加者からの質問に答えた。

【新田國夫　医療法人社団つくし会理事長】認知症カフェを運営する人件費はどのくらいかかるのでしょうか。

【原真弓　宇治市健康福祉部健康生きがい課主任】カフェについては、全委託事業を含めて約1,300万円です。ほぼ人件費ですけれども、宇治市の場合は初期集中支援もしておりますので、そこに関わる専門職員の人件費、コーディネーター2人、プラス補助員の人件費が含まれています。

【足立哲也　恵那市地域包括支援センター主査】恵那市のスタッフは皆、仕事の合い間に出てきていただいていますので、とくに人件費はございません。

【齋藤育子　港区保健福祉支援部高齢者支援課介護予防係主査】港区は委託料で行っております。保健師と地域包括支援センターの職

員にとっては仕事なので、通常の勤務でやっております。

【新田國夫医師】カフェの周知方法はどうされていますか。

【齋藤育子　港区主査】全体で7,000部ほどの広報チラシを配布しております。港区には都営地下鉄駅がございますので、そこにも14枚ほどポスターを貼らせていただきました。町会、老人クラブ、各種会合でPRをさせていただいております。また、区内50施設にも、50枚ずつチラシを配布させていただいています。

【足立哲也　恵那市主査】月１回、広報誌に地域包括支援センターのコーナーがございますので、そちらに案内を出したり、告知放送というのを全戸で流していただいたりしています。リピーターの人に手紙をお送りしたり、ホームページに掲載したり。病院のソーシャルワーカーや、もの忘れ外来担当のお医者さんからの紹介、チラシ配布なども実施しています。

【新田國夫医師】カフェの場所はどうやって見つけるのでしょうか。

【原真弓　宇治市主任】地域包括支援センターの職員から、「高齢者の多い、このような場所でどうだろうか」ということでご提案いただいた所に押しかけていくという形です。

【足立哲也　恵那市主査】恵那市では、認知症地域支援推進委員が

3人おります（2014年11月現在）。毎月ミーティングをやっておりますので、そのなかでアイデアを出し合っています。「教会がいいんじゃないか」、「モデルハウスがいいんじゃないか」とか、かなり多様性のある意見が出ています。

【齋藤育子　港区主査】認知症の診断ができる病院の中、あるいは近くということで、一軒一軒当たったのですが、病院の中で実施できる所は麻布の民間の高齢者福祉施設内の食堂兼喫茶スペースだけでした。それ以外は保健所、区民センター、いきいきプラザなど、いろいろな所で開催している状況です。

【新田國夫医師】行政の人から、「地域でできる認知症カフェの運営に対する、行政の関わり方、何をどうすればよいのか、あるいは逆に、何に関わってはいけないのかといった点を具体的に教えてください」との質問があります。

【茂木英雄　港区保健福祉支援部高齢者支援課長】自主的なカフェの運営のなかで、どういった支援ができるかという点は、各自治体でそれぞれ違うところはあると思います。例えば、公立の施設の中で空きスペースがあれば、そうした場所を無償で提供するとか、利用料をとっている所であれば減免するなどの支援は可能なのではないかと思います。

【原真弓　宇治市主任】宇治市福祉サービス公社に委託をしている

所もあって、市のほうで方向性を作り上げ、公社で実現していただくというふうに思っているので、市としては方向性はぶれないようにしたいと考えています。公社にはボランティアの養成とか、喫茶店を使っての運営をしていただいているので、そこを自立させていく形にできればと思っています。

【新田國夫医師】「行政とどう関わっていいか、よく分からない」という意見も多いようです。「行政が進める分にはいいけれども、民間でもやりたい。でも、どうやって行政に声をかけていけばよいか」という質問です。あるいは「行政に関係なくやってもいい」という話にもなりますが、いかがですか。

【佐野友美　宇治市福祉サービス公社中宇治地域包括支援センター職員】私たちの場合は、行政の方からの柱立てがあって、私たち地域包括支援センターが肉づけをしたという形です。

【足立哲也　恵那市主査】初めから行政へ相談に行くのは、冷たい態度をとられたら嫌だなと思われるでしょうから、地域包括支援センターなど身近な所から入って相談を持ちかけ、行政に上げていく可能性もあるんじゃないかなと思います。

【新田國夫医師】港区ではいかがでしょう。民間で認知症カフェをやりたいという場合、行政に相談してほしいでしょうか。

【茂木英雄　港区課長】港区としては、地域で支え合いの体制を作っていきたいと思っておりますので、ぜひ行政にも相談をしていただければと思います。

【新田國夫医師】各地域のカフェでいろいろとやっていらっしゃいますが、課題と感じていることについてお話しいただければと思います。

【佐野友美さん】今後の展開の中心に置いていきたいと思っているのが、もっと当事者・家族が中心になるカフェを作ること。それからボランティアの育成。さらには、委託を受けている中宇治地域包括支援センターとその他５圏域の地域包括支援センターでは、ちょっとカフェに対する考え方に温度差があるかなと感じていますので、今後は各圏域の地域包括支援センターを中心にしたカフェの展開が課題ではないかと思っています。

【足立哲也　恵那市主査】恵那市では多職種連携という形で実施しています。今後は宇治市と同様に、当事者主体で、私たちが側面的支援に回れるようになるくらい、皆さんの「こういう場を作りたい」という気持ちをくみ上げてやっていければと思っております。

【齋藤育子　港区主査】区民自ら参加していただくことが、カフェの運営に重要かと思います。今後どうしていくかというのが、現在の課題となっております。

【新田國夫医師】私は東京都国立市なのですが、国立市ではかなりの市民が集まって、市にとって認知症の人の課題は何かということを話していただきました。「アクションミーティング」と称した、市および民間事業所も含め、集まっていただいたミーティングですが、そこで10ぐらいの課題を抽出しました。その10の課題を挙げまして、各市民がどの問題について興味があるかということで分けて、分科会を作りました。そこでそれぞれが発表をする機会を作りました。そのひとつが「認知症の日」でございます。そこには小学生から認知症の人までが参加するということで、今年（2014年）は一橋大学の講堂で多くの参加者を得まして、今後、毎年1回継続される予定です。

このように、私たちが課題を提供するのではなくて、市民自身が作って、解決していく。皆さんが課題を持っていて、個別の課題、例えば「私は認知症です。私はこれから皆さんとどうやって暮らしていけばいいでしょうか」という個別の課題から、それが集約されて何ができるかを考えて、その上でまた個別に戻っていく。この繰り返しが、認知症の人が住みやすい街を作るための解決方法となるのではないでしょうか。個別の課題と必要度、そして、市あるいは住民は何ができるかを考えて、それを一般化する。一般化をしない限り、「あの町はこういうことをやっていますね。あの町には住めるけれども、他へ行くと何もないね」という街、あるいは日本になってしまいます。

これからの日本の社会は、認知症の人が1,000万人にもならんという大変な数が予測されています。さらに言うと、世界の認知症の

人の中でアジアの人が占める割合は47%です。この様な大変な時代に私たちは生きています。日本はその最たる国で、日本の認知症への課題を解決しない限りは、私たちの未来はないと思います。自分たちで取り組んで、さらに、それをこういうフォーラムなどで集約することが必要です。そして、それを持ち帰って、また取り組む。そういうことを繰り返していければと思います。

〔2014年11月9日のフォーラムより〕

課題と展望

認知症カフェの運営

【勝野とわ子　首都大学東京健康福祉学部教授】認知症カフェの継続性を考えると、運営資金は外せないテーマかと思います。資金をどう確保していくか。私自身、ここ8年ぐらい、若年性認知症の人と介護家族を支える活動をしています。運営資金面ではなかなか大変で、お金を捻出することにリーダーシップを取っている人は、いろいろと苦労しながら続けています。

【武地一　京都大学医学部附属病院医師】われわれのところは、幸い昨年度（2012年度）と今年度（2013年度）は京都府の理解を得て、団体交付金ということで活動資金をいただきました。場所代のほか、有償ボランティアという形で来てもらっている市民・学生への給料と、チーフのコーディネーターの雇用費用に充てています。しかし、これをどこまで続けられるのかというのは、京都府あるいは京都市も、必ずしも自信のない部分があるようです。

　認知症の人が地域の中で豊かに暮らせる状態を作るための先行投資として、国のほうもオレンジプランのなかで考えていただいていると思うのですが、それを使いやすい形、あるいは実際の運営者に行き届きやすい形を、国と地方自治体で作っていただけるとよいと

思います。こうした投資は、デイサービスを運営する費用や、もちろん病院を造るとか、入所施設を造るというのに比べれば、安い費用でできることなので、ぜひやっていただければと思っています。費用対効果はそれほど悪くはないと思います。

【勝野とわ子教授】カフェを担う人材育成にも取り組まれているということですが、どのような視点で、どのような力をつければいいのでしょうか。

【武地一医師】認知症をひと言で述べるのは、なかなか難しいところがあります。気を許すとけっこう難しい病気ですし、地域の人もなかなか理解できないところがあります。認知症について「分かった」と思っても、全然分からないところがある病気ですので、認知症という病気がどういう病気かということを、繰り返し伝えていくことが大事だと思います。

　ボランティアの人も、「市民講座などでは認知症について聞くことがあったけれども、実際にはこんな病気なんだな」と、カフェに関わることによって学んでいただきたい。ある意味で、われわれのカフェに多くの人材が来てもらっていることで、カフェの活動を通じて、市民に認知症の人や家族のことも含めて勉強していただいているということになります。

　もう一つは、今、京都府下で30カ所から40カ所の認知症カフェの活動が行なわれていますが、実際に始めてみると、中心となるコーディネーターは、ボランティア的に始める人、地域包括支援セン

ターの人、小規模多機能施設の人、特別養護老人ホームの人が始めるなどさまざまですけれども、「こういうのを作りたいね」という中心的な人物が出てきますので、そういう人を核にして、その人の周りでいろいろなことを学んで、一緒にカフェを運営していければいいのではないかと思っています。

【勝野とわ子教授】少しずつ認知症への理解を深めながら、しかも、自分でも行動していこうという人が増えていくことが、今後の地域を作っていくときに大切なのではないでしょうか。地域における人と人とのつながり、そのつながりの質、どういうきっかけでそのつながりを構築していくか、そして、国の施策とどのように結びつけていけば、より良い豊かな生活を作っていけるか、より良い生き方を支えていくことにつながるか。災害と同じで、この病気は自分、また自分に近い人に降りかかるまで、人ごとだという感覚は拭えないかもしれません。私たちにできることは、他人ごとであるという気持ちから一歩でも二歩でも踏み出して、認知症の人と家族の状況を理解し、理解をした後、少しでも行動に結びつけていくことが、今求められているように思います。

〔2013年12月1日のフォーラムより〕

認知症カフェの担い手

【新田國夫　医療法人社団つくし会理事長】最近聞くのは、デイサービスの事業者が、「(デイサービスの) その前の認知症カフェで

（利用者を）取り込んでしまおう」とやりだした所があると言います。安易な考え方で認知症カフェの数だけが増えていくのは、とても良い事ですが、それぞれの地域の特徴を生かし、地域でできる事が定義される中で認知症カフェを位置づけないと日本の認知症の人にとっては悲惨なものだと思うんですが。

【橋本武也　社会福祉法人同和園園長】このあいだ、とある事業所の相談員が見学に来ました。私は、その相談員に「何で来たの？」と聞いたら、「法人のトップから『うちのデイサービスは最近、稼働率が悪い。だから、認知症カフェで新しいお客さんを獲得しろ』と言われました」と答えたのです。これには参りましたね。制度化されると、こうやって自分の事業所に取り込む事業者も出てきます。本来はきちんと認知症カフェについて考え方をつないでいかないといけないのですけれども、そういうことも起きるということです。

　社会福祉法という法律で、社会福祉法人の社会的使命というのが定められています。そのなかには、「地域福祉の推進と福祉サービスの提供の原則」、そして、「福祉サービスの提供体制の確保に関する国および地方公共団体等の責務」とあります。そこには、社会福祉法人は、社会貢献事業としてやらなければならないと書いてあります。ですから、当法人はこれに基づいて、職員とお金を使ってやっているわけです。

　もし、ボランティアや地域の人たちで認知症カフェをやろうとか、お金をどうしようと思ったら、地域に必ず社会福祉法人があり

ますので、「あなたたちの社会福祉貢献に協力してあげるから、お金と場所をください。名前はちゃんと出してあげます。あなたたちの法人の名前を使ってあげます」と言えばいいのです。社会福祉法人であれば、保育でも障害でもかまいません。現在、財政諮問会議などで、社会福祉法人の内部留保の問題が挙げられ、「社会貢献事業にお金を使わなかったら指定取り消しをしてもいいのではないか」という議論がされていますので、社会福祉法人の経営者はみな戦々恐々としています。ですから、その対案として「あなたたちのお金を出しなさい。私が地域に貢献してあげるから」という形で、近くの社会福祉法人を引っ張り込むことをやっていけば、先ほど言ったようなビジネスとしての認知症カフェにはなりづらいのではないかと考えています。

【新田國夫医師】社会福祉法人だけではなくて、医療法人もそれに加えてほしいなと思います。ぜひ、社会貢献事業に入っていただきたい。もう、そういう時代になっていると思っています。

【鈴木和代　公益社団法人認知症の人と家族の会理事】「認知症の人と家族の会」の髙見国生代表は、「認知症では死なない」とよく話しています。私は、認知症は一つの旅路だと思っています。その最初の案内所が認知症カフェだと。ですから、カフェには初期の人だけではなくて、途中の人でも立ち寄れますし、敷居の低い相談の場であるとよいと思います。開催頻度が少ないとか、多いとか、そういうことではなくて、認知症カフェがあること自体が、地域を変え

ていくアクションになると思いますので、これから増えていくことを願っています。

【橋本武也園長】（2014年）6月28日に、京都で「京都認知症カフェ連絡会」が発足しました。全国で初めての認知症カフェの連絡会です。京都府下で35カ所の認知症カフェが初めて連絡会を組織して、これからネットワーク化していこうとしています。そして、全国へ広がっていって、いろいろな形で認知症の人と家族を支えられたらいいなと思っています。認知症になった人、また、認知症だけではなくいろいろな障害をもった人たちに対して、私たちは「あなたたちがいてくれて、よかった」と言っていただけるような活動をしていきたいと思っています。

〔2014年7月26日のフォーラムより〕

出演者一覧

（本文の所属、肩書き等は登壇当時のままで掲載しています。敬称略）

2013年12月1日第1回フォーラム登壇者

杉村幸宏　美稍子（すぎむら・ゆきひろ／みやこ）

　公益社団法人認知症の人と家族の会栃木県支部会員

　幸宏さんは大手建設会社を定年退職した後の65歳の頃、もの忘れに気づき、2年後にアルツハイマー型認知症と診断された。長年暮らした宮城県仙台市から、約2年半前に次女一家が住む栃木県宇都宮市に転居し、「認知症の人と家族の会」に加わった。「認知症になっても働きたい」との幸宏さんの思いが形になった「若年性元気応援サロン」のスタッフとして働く。幸宏さんはマスター役、妻・美稍子さんは主に厨房を担当する。

武地一（たけち・はじめ）

　京都大学医学部附属病院医師

　京都大学卒、同大大学院修了。医学博士。福井赤十字病院、独・ザール大学研究所などを経て、1999年に京大医学部附属病院老年内科に「もの忘れ外来」を開設。早期診断、地域連携、介護者支援、高齢者の総合的機能評価などを主なテーマに、認知症の診療・臨床研究に尽力する。「オレンジカフェ今出川」は認知症の人と家族への支援に加え、市民ボランティアの力を生かす実験店舗と位置づける。2014年より京都大学医学部附属病院神経内科講師。

行本清香（ゆきもと・きよか）
　　NPO法人福祉フォーラム・東北　朝日のあたる家スタッフ
　米国で人間関係学修士号、臨床心理学博士号を取得。同国内のコミュニティー・メンタルヘルス・クリニック、自殺予防センター、高校のカウンセリングセンター、精神障害者施設、高齢者施設や在宅での心理療法、神経心理・心理アセスメント、音楽療法など心理臨床に携わる。家族介護者や高齢者ケア専門家を対象にした心理的支援や教育にも従事。帰国後、NPO法人福祉フォーラム・東北に勤務。2014年7月より、陸前高田市地域包括ケアコーディネーター。

三浦正樹（みうら・まさき）
　　元厚生労働省老健局高齢者支援課認知症・虐待防止対策推進室室長補佐

勝野とわ子（かつの・とわこ）
　　首都大学東京健康福祉学部教授
　専門は高齢者看護学。北海道大学卒業後、米国のイリノイ大学大学院で看護学博士に。同国で認知症専門のデイケアセンターに勤務して以来、認知症の人と家族へのより良いケアの提供をめざして教育や研究、実践活動に取り組む。NPO法人「若年認知症サポートセンター」理事も務め、同センターが東京・杉並区で月1回開くミニデイサービス「ゆうゆうスタークラブ」の中心スタッフになっている。

> 2014年7月26日第2回フォーラム登壇者

新田國夫（にった・くにお）

医療法人社団つくし会理事長

早稲田大学商学部卒業後に医師を志し、帝京大学医学部を卒業。帝京大学病院第一外科・救命救急センターなどを経て、1990年、東京都国立市に新田クリニックを開院。通所リハビリやグループホームなどを展開。最期まで住み慣れた地域で暮らしたいという願いを支える在宅医療と介護の確立をめざす。24時間体制で往診にあたる施設による全国在宅療養支援診療所連絡会の会長などを務める。

橋本武也（はしもと・たけや）

社会福祉法人同和園常務理事・園長

大谷大学文学部真宗学科で仏教・真宗学を学び、真宗大谷派僧侶資格を取得。卒業後、岐阜市内の寺院へ。特別養護老人ホームで法話を担当した経験から、社会福祉法人同和園生活相談員に。2006年、常務理事・園長に就任。特養での施設ケア改革やルームシェアリングなどに取り組み、利用者本位のサービス提供を掲げて全国の有志の施設などで組織する「特養をよくする特養の会」「安心システムユナイテッド」事務局長も務める。

鈴木和代（すずき・かずよ）

兵庫県立大学大学院看護学研究科博士後期課程 生活機能看護学専攻

兵庫県立看護大学卒、熊本大学大学院修士課程修了。看護師・保健師。札幌市の脳神経外科病院勤務を経て、2014年3月まで京都大

学大学院医学研究科人間健康科学系専攻生活環境看護学分野助教。公益社団法人認知症の人と家族の会の理事として、「認知症カフェのあり方と運営に関する調査研究事業報告書」（2012年度）をまとめた。現在、同会調査・研究専門委員会委員長。

坂口義弘（さかぐち・よしひろ）

　公益社団法人認知症の人と家族の会大阪府支部代表

　大手化学会社の技術者で50代後半だった1994年、同じく50代後半だった妻がアルツハイマー病による認知症と診断された。妹や家政婦に頼むなどして、勤務しながら介護を続けたが、62歳のときに退職して介護に専念。ケアマネジャー、訪問看護師、かかりつけ医の支援の下、5年間の寝たきり状態を経て2011年に看取るまで17年間、自宅で寄り添った。

翁川純尚（おいかわ・よしひさ）

　厚生労働省老健局高齢者支援課認知症・虐待防止対策推進室室長補佐

　1992年、厚生省入省。2013年4月より上記認知症・虐待防止対策推進室室長補佐。2014年4月より老健局介護保険計画課課長補佐。

2014年11月9日第3回フォーラム登壇者

上野秀樹（うえの・ひでき）

　精神科医

　東京大学医学部卒。東京都立松沢病院で認知症専門病棟を担当

し、2008年に海上寮療養所(千葉県旭市)へ。2014年春まで桜新町アーバンクリニックで認知症初期集中支援チームの構築に携わった後、現在は敦賀温泉病院(福井県敦賀市)で診療にあたる。講演やメディアでも地域での認知症支援の重要性を積極的に発信。千葉大学医学部附属病院地域医療連携部特任准教授。内閣府障害者政策委員会委員。

茂木英雄(もぎ・ひでお)
　東京都港区保健福祉支援部高齢者支援課長
　1994年、港区職員に。厚生部高齢福祉課を振り出しに、子ども支援部子ども課、麻布地区総合支所まちづくり担当課長、高輪地区総合支所協働推進課長などを経て、2014年4月より高齢者支援課長。

齋藤育子(さいとう・いくこ)
　港区保健福祉支援部高齢者支援課介護予防係主査
　保健師。病院勤務などを経て1990年に東京都保健所へ。三宅島や小笠原、立川、さらに港区に移った後も含めて、長く保健所で保健行政の最前線に立つ。2013年4月より高齢者支援課介護予防係主査。

足立哲也(あだち・てつや)
　岐阜県恵那市市民福祉部高齢福祉課地域包括支援センター主査
　社会福祉士。精神保健福祉士。2004年、恵那市入職。介護老人保健施設を経て、2007年から地域包括支援センターで認知症支援施策

に従事。2012年から認知症地域支援推進員。2015年4月から、市民福祉部社会福祉課厚生援護係。

竹山紗世（たけやま・さよ）
　恵那市市民福祉部高齢福祉課地域包括支援センター主任
　社会福祉士。2013年、恵那市入職。地域包括支援センターの職員として、認知症支援施策に携わっている。2014年から認知症地域支援推進員。

原真弓（はら・まゆみ）
　京都府宇治市健康福祉部（現健康長寿部）健康生きがい課主任
　保健師。看護師。病棟や訪問の看護師として約3年間勤務した後、2001年に宇治市職員に採用。健康福祉部で成人保健や母子保健を担当、2011年から高齢者保健を担当。

佐野友美（さの・ともみ）
　宇治市福祉サービス公社中宇治地域包括支援センター職員（認知症コーディネーター専従）
　社会福祉士。2012年に宇治市福祉サービス公社入社、中宇治地域包括支援センターに配属。2013年から認知症コーディネーターとして宇治市初期認知症総合相談支援事業に携わる。

新田國夫（にった・くにお）
　医療法人社団つくし会理事長

あとがき

　京都・伏見のカフェで、夫と一緒に来ていた女性に、隣席の女性が話しかけました。
「ご主人とお二人でいいですねえ」
「うるさいですよ」
「うるさいほうがいいですよ。私、もう主人が亡くなって来年で50年です」
「50年ですか」
　何ということはない、ありふれた会話でした。
　岩手・陸前高田のカフェでは、参加者の間で方言が話題になり、「どんな字を書くんでしょうかね」と尋ねる人があると、それまで黙って聞いていた男性がその方言の由来を解説し、周りの人を感心させました。校長先生だったというその男性は、カフェが始まる前に、私たちに県内の教育情勢をつぶさに解説してくれました。
　京都の2人の女性も岩手の男性も、認知症です。そうと知らなければ、外見や様子からはまったく分かりません。岐阜・恵那のカフェは村の集会のような雰囲気で、認知症の人が参加していたのかどうか、最後まで分かりませんでした。

　認知症カフェを訪ねると、多くの場合、穏やかな気持ちになります。元気が出てくる感じもします。本編でも紹介している、精神科医の上野秀樹さんの言葉が思い出されます。
「『認知症の人が暮らしやすい社会をつくる』ということが実現で

きた時には、それは普通の人も暮らしやすい社会となるのです」

　認知症の人にとって居心地のよい場所——それは誰にとっても居心地のよい場所なのだと、認知症カフェは改めて気づかせてくれます。そして、そんなカフェの、言葉では表現が難しい雰囲気まで知っていただきたくて、フォーラムでは報告いただいたすべてのカフェを映像でも紹介しました。本書では残念ながらカフェの雰囲気をそこまで伝えることはできませんが、これまでカフェを開いてきた人たちがどんなことを考え、どのように運営してきたのか、その一端を紹介することで、これから認知症カフェを始めようと計画している人だけでなく、すでにカフェを運営している人たちにも、認知症カフェのあり方を考える一助にしていただけたらと願っております。

　これまで、大変多くの方々にお世話になりました。とくに、国に先駆けて認知症ケアが抱えてきた問題を明らかにし、認知症の人の立場に立った独自の地域包括ケア構築をめざして尽力されている「京都式認知症ケアを考えるつどい」と、そこで世に出された「2012京都文書」からは非常に多くを学びました。そして、その中心で活躍されている府立洛南病院副院長の森俊夫さん、京都大学医学部附属病院神経内科の武地一さん、社会福祉法人同和園園長の橋本武也さんには、フォーラムにつながるたくさんのヒントとアドバイスをいただきました。多忙を極められるなか、何の実績も蓄積もなかった私たちからの突然の面談要請に、二つ返事で快諾くださった三人との出会いがなければ、「フォーラム認知症カフェを考える」は生

まれなかっただろうと思っています。武地さんには、初回に登壇いただいただけでなく、その後も常にさまざまな助言や提案をいただきました。

　東京・国立の医療法人社団つくし会理事長の新田國夫さんには、2度に渡ってコーディネーターを引き受けていただきました。豊富な経験と深い考察に裏打ちされた鮮やかなさばきで議論をリードしていただき、認知症カフェだけでなくフォーラム自体についても、分かりやすく印象的な意義づけをしてくださいました。第1回のコーディネーターをお願いした首都大学東京教授の勝野とわ子さんからは、何度も長時間にわたる打ち合わせで貴重な意見をいただき、そこでの話し合いを通して、今に続くフォーラムの方向づけができました。そして何よりも、宇都宮の杉村幸宏さん、美稚子さん夫妻をはじめとする登壇者の皆さんには、資料作りや報告内容のまとめ、議論への対応準備など大きな負担をかけましたが、どなたも「参加してよかった」と温かい声をかけてくださいました。

　フォーラムを後援していただいた厚生労働省と公益社団法人認知症の人と家族の会にも、改めてお礼を申し上げます。代表理事の髙見国生さんはじめ家族の会の皆さんには、後援名義の使用許可にとどまらず、登壇者の調整や告知チラシの配布など、実際の運営面でも大変お世話になりました。また、栃木県支部代表世話人の金澤林子さんは、宇都宮のカフェの撮影などに尽力いただき、杉村さん夫妻の登壇も陰で支えてくださいました。

　東京でのフォーラムをともに主催いただいた立教大学社会デザイン研究所では、所長の中村陽一教授をはじめスタッフの皆さんに、

会場確保や設営などでお骨折りいただきました。大阪でのフォーラムの運営を中心になって担っていただいた朝日新聞厚生文化事業団、企画段階から深く関わってくれた畑山敦子記者ら朝日新聞東京本社報道局・大阪本社編集局の同僚たちの存在も欠かせませんでした。

　最後に、「フォーラム認知症カフェを考える」の取り組みに注目し、その記録の出版を提案してくださった株式会社メディア・ケアプラスの松嶋薫社長に深く感謝いたします。

　フォーラムを通じて、いくつものすてきな言葉、印象的な言葉に出会いました。杉村幸宏さんは、認知症とともに生きるこれらからの生活でどうありたいかを尋ねられ、「今のままでいいですよ。（妻に）すごく助けてもらってるから、今のままだったらいい」と答えました。妻の美稍子さんは「コンビニのようにたくさん、元気であれば働けて、いつでも行ける所があればいいな」と、認知症カフェが暮らしのすぐそばにもっと増えるよう願いました。

　家族の会代表の髙見国生さんは、来賓としてのあいさつのなかで、「認知症カフェがいくら普及したといっても、それだけで認知症の人や家族を支えきれるわけではありません」と指摘。それを受けるように、家族の会理事で全国の認知症カフェの調査を担当した鈴木和代さんは、認知症を「私は一つの旅路だと思っています。その最初の案内所が認知症カフェだと」と、長い認知症ケアの道を思いやりました。

　超高齢化社会の到来とともに、認知症が特別な病気ではない時代

あとがき

を迎え、私たちにはどのように認知症と向き合えばいいのかが問われています。再び上野秀樹さんの言葉です。

「認知症を恐れていてもうまくいかないのです。私たちに求められているのは、たとえ認知症になったとしてもそれまでと同じように生き生きと暮らすことができる社会をつくることなのです」

そのために、私たちも微力を尽くしたいと思っています。

2015年10月5日
　　　　　　　　福田祥史（朝日新聞社　前CSR推進部企画委員）

認知症カフェを語る　ともに生き、支えあう地域をめざして

2015年11月10日　第1版第1刷発行

編　　　者	朝日新聞社 CSR推進部
発　行　者	松嶋　薫
発　行　所	株式会社メディア・ケアプラス
	〒140-0011
	東京都品川区東大井3-1-3-306
	電話　03-6404-6087　FAX 03-6404-6097
	http://media-cp.urdr.bindsite.jp/
印刷・製本	株式会社 美巧社

ISBN978-4-908399-02-2　C0036

乱丁本・落丁本は小社あてにお送り下さい。送料小社負担にてお取り換えいたします。
コピー、スキャン、デジタル化等による本書からの転載および電子的利用等の無断行為は、一切認められていません。

©2015 The Asahi Shimbun Company, Printed in Japan